KB153444

해 봐!

하루 10분

왕초보

일본어

머리말

<해 봐! 하루 10분 왕초보 일본어>는 하루에 10분만 투자하면 외울 수 있는 간단한 문형으로 구성되어 있습니다. 학습의 효율성을 높이기 위해 해설은 되도록 간략하게 다루었습니다. 핵심이 되는 기본 문형을 반복하여 학습할 수 있도록 일상생활에서 자주 사용되는 예문을 중심으로 수록하였으며, 한국인이 어렵게 느끼는 부분을 자연스럽게 익혀 나갈 수 있도록 학습 내용을 단계적으로 배치하였습니다.

한국과 일본의 관계는 복잡하게 얽혀 있습니다. 해결되지 않은 역사적 문제를 안고 있지만 서로 협력하지 않으면 안 되는 이웃이기도 합니다. 문제를 해결하기 위해서든 서로 협력하기 위해서든 그 나라에 대해 알아야 합니다. 언어를 공부하는 것은 상대방 나라를 이해하기 위한 첫걸음입니다. 본 교재가 일본어로 향한 여러분의 첫걸음에 조금이나마 도움이 되기를 바랍니다.

이 책의 출판을 위해 아낌없이 지원해 주신 시사일본어사 엄태상 대표님께 깊은 감사의 말씀을 올립니다. 또한 기획 단계에서부터 세심하게 이끌어 주신 편집부 분들께도 감사의 인사를 전합니다. 마지막으로 사랑하는 가족과 한양사이버대학교 일본어학과의 여러분들께도 이 자리를 빌려 감사의 말씀을 전합니다.

저자 박효경

〈왕초보 일본어〉 100% 활용법

일본어는 '웃고 들어가서 울고 나오는 언어'라고 하죠. 우리말과 어순이 같고 비슷한 발음의 단어들이 많기 때문에 가벼운 마음으로 시작하지만 공부를 하면 할수록 어렵게 느껴집니다. 오랜 시간 공들여 공부해도 막상 실전에서 입이 떨어지지 않는다고 하시는 분들도 많으실 거예요. 외국어를 빨리 익히려면 동일한 패턴의 문장을 '입에 붙을 때까지' 계속 반복하는 것이 좋습니다. 어린 아이들이 언어를 빨리 습득하는 이유는 언어를 소리처럼 듣고 따라 하기 때문이라고 합니다.

<해 봐! 하루 10분 왕초보 일본어>에 제시되어 있는 핵심 문형을 반복해서 따라 해 보세요. 한 문장씩 천천히 따라 읽다 보면 자연스럽게 문법 체계가 이해되고 어느덧 자신감을 갖게 될 거예요. 외국어 공부에 '왕도(王道)'는 없지만 '지름길(近道)'은 있습니다. 지금부터 여러분을 일본어의 지름길로 안내해 드릴게요. 자, 그럼 준비하시고 따라오세요!

일본어가 쉬워지는 기본 개념 12가지

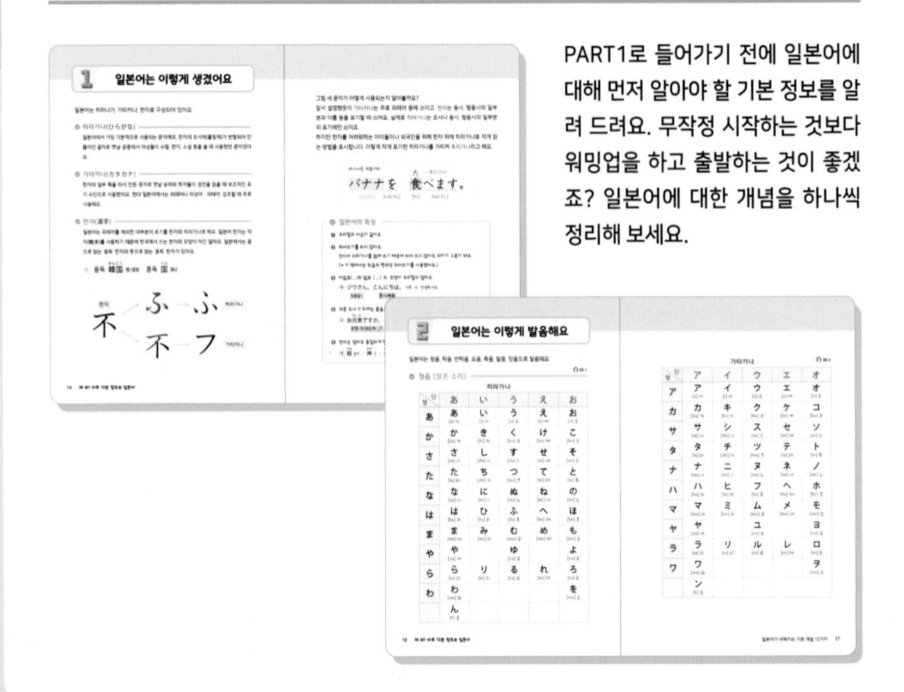

PART1로 들어가기 전에 일본어에 대해 먼저 알아야 할 기본 정보를 알려 드려요. 무작정 시작하는 것보다 워밍업을 하고 출발하는 것이 좋겠죠? 일본어에 대한 개념을 하나씩 정리해 보세요.

하루 10분 플랜으로 입에서 바로 나오는 일본어

STEP 1

초간단 개념 잡기!

학습 패턴의 개념을
한눈에 쉽게 익혀 보세요.

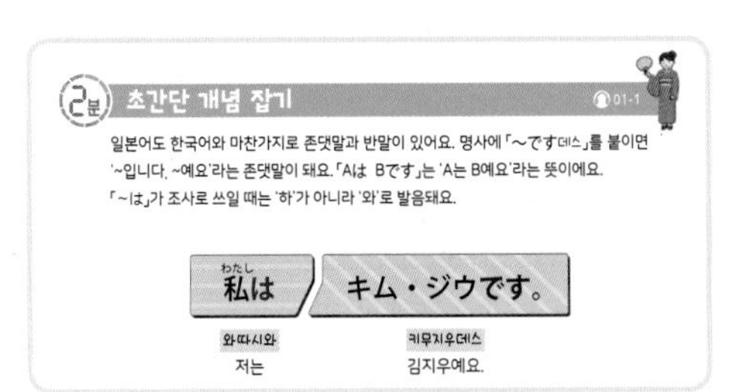
2분 초간단 개념 잡기 01-1

일본어도 한국어와 마찬가지로 존댓말과 반말이 있어요. 명사에 「~です데스」를 붙이면 '~입니다, ~예요'라는 존댓말이 돼요. 「Aは Bです」는 'A는 B예요'라는 뜻이에요. 「~は」가 조사로 쓰일 때는 '하'가 아니라 '와'로 발음돼요.

私(わたし)は キム・ジウです。
와따시와 키무지우데스
저는 김지우예요.

STEP 2

문장 바로 말하기

문장을 소리 내어 읽으면서
패턴의 활용 방법을
익혀 보세요.

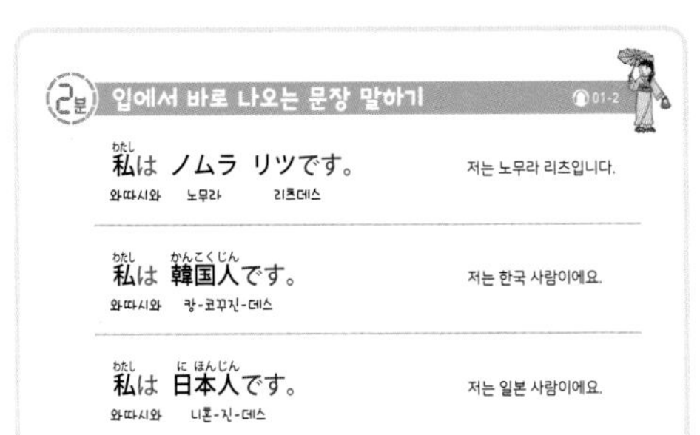
2분 입에서 바로 나오는 문장 말하기 01-2

私(わたし)は ノムラ リツです。 저는 노무라 리츠입니다.
와따시와 노무라 리츠데스

私(わたし)は 韓国人(かんこくじん)です。 저는 한국 사람이에요.
와따시와 캉-코꾸진-데스

私(わたし)は 日本人(にほんじん)です。 저는 일본 사람이에요.
와따시와 니혼-진-데스

STEP 3

회화로 응용하기

패턴 문장이 회화에서
어떻게 적용되는지 확인하면서
회화를 연습해 보세요.

3분 회화로 응용하기 01-3

이름과 나라를 소개해 보세요.

STEP 4

문제로 확인하기

학습한 문장을 직접 써 보면서
다시 한번 소리 내어
읽어 보세요.

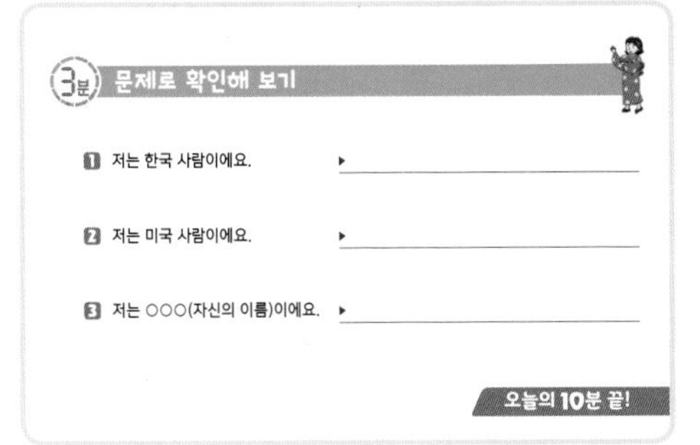
3분 문제로 확인해 보기

1 저는 한국 사람이에요. ▸ ____________

2 저는 미국 사람이에요. ▸ ____________

3 저는 ○○○(자신의 이름)이에요. ▸ ____________

오늘의 10분 끝!

배운 내용을 잊지 않도록 도와주는 리뷰 페이지

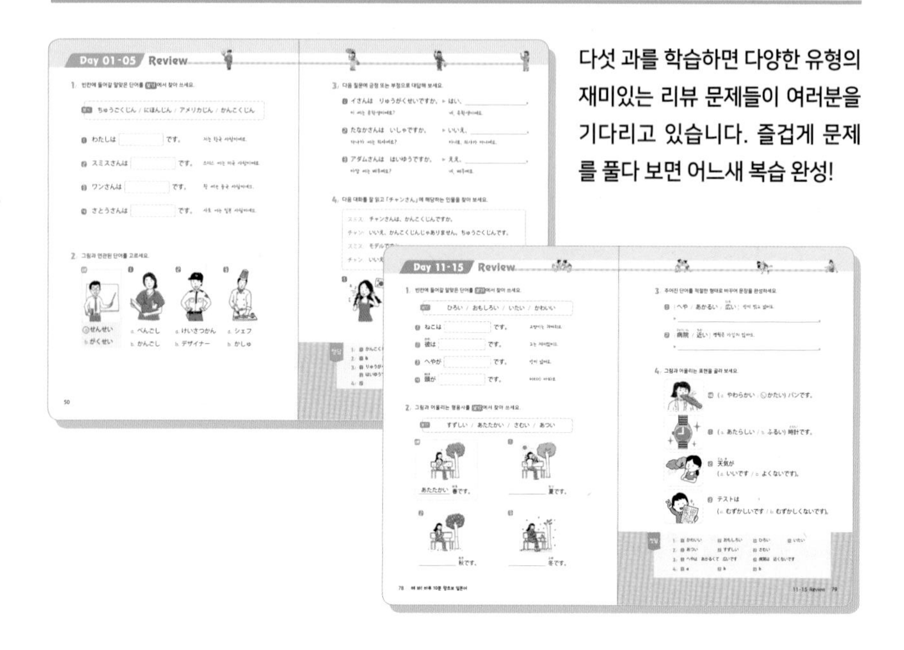

다섯 과를 학습하면 다양한 유형의 재미있는 리뷰 문제들이 여러분을 기다리고 있습니다. 즐겁게 문제를 풀다 보면 어느새 복습 완성!

문화를 알면 언어가 보인다! 일본 관련 정보

회화 문장을 직접 써 보는 쓰기 노트

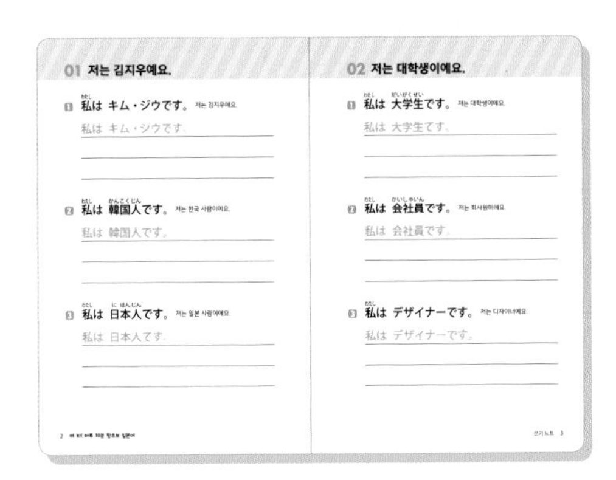

01 저는 김지우예요.

1 私は キム・ジウです。 저는 김지우예요.

私は キム・ジウです。

2 私は 韓国人です。 저는 한국 사람이에요.

私は 韓国人です。

3 私は 日本人です。 저는 일본 사람이에요.

私は 日本人です。

02 저는 대학생이에요.

1 私は 大学生です。 저는 대학생이에요.

私は 大学生です。

2 私は 会社員です。 저는 회사원이에요.

私は 会社員です。

3 私は デザイナーです。 저는 디자이너예요.

私は デザイナーです。

2 해 봐! 하루 10분 왕초보 일본어

쓰기 노트 3

별책 부록 으로 구성한 쓰기 노트에 학습한 패턴 문장을 직접 써 보면서 완벽하게 이해해 보세요.

다양한 학습 자료 활용법

음원

www.sisabooks.com/jpn
시사일본어사 홈페이지에서
MP3 다운 받아 듣기

QR 코드로
해 봐! 하루 10분 왕초보 일본어
스트리밍 듣기

동영상 강의

www.sisabooks.com/jpn
시사일본어사 홈페이지에서 바로 보기

@sisabooks
시사북스 유튜브 계정에서
바로 보기

목 차

일본어가 쉬워지는 기본 개념 12가지

PART 1 나 이런 사람이야! 자신을 소개하기

PART 2 느끼는 대로 말해! 느낌·감정·상태 표현하기

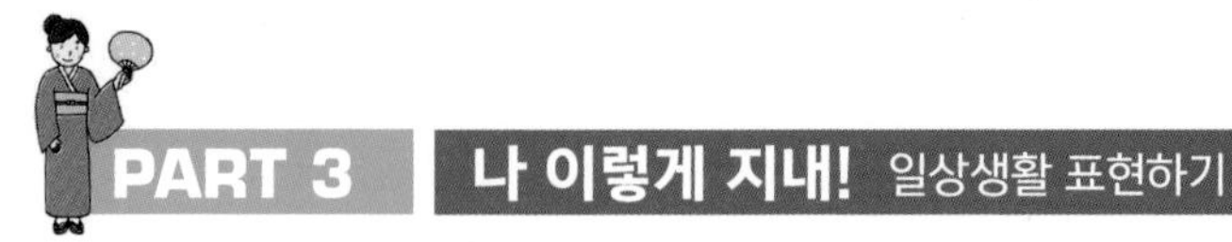

PART 4 같이 수다 떨래? 대화 확장하기

PART 5 궁금해 궁금해! 궁금한 것 질문하기

일본어가 쉬워지는 기본 개념 12가지

1 일본어는 이렇게 생겼어요

2 일본어는 이렇게 발음해요

3 숫자, 기본만 알면 쉽게 읽혀요!

4 모두 얼마예요?

5 지금 몇 시예요?

6 오늘 며칠이에요?

7 몇 개예요? 몇 명이에요?

8 가족을 소개할게요

9 그거, 어디 있어요?

10 형용사는 두 종류!

11 동사는 세 그룹!

12 호감을 부르는 기본 인사말

일본어는 이렇게 생겼어요

일본어는 히라나가, 가타카나, 한자로 구성되어 있어요.

히라가나(ひらがな)

일본어에서 가장 기본적으로 사용되는 문자예요. 한자의 초서체(흘림체)가 변형되어 만들어진 글자로 옛날 궁중에서 여성들이 수필, 편지, 소설 등을 쓸 때 사용했던 문자였어요.

가타카나(カタカナ)

한자의 일부 획을 따서 만든 문자로 옛날 승려와 학자들이 경전을 읽을 때 보조적인 표기 수단으로 사용했어요. 현대 일본어에서는 외래어나 의성어 · 의태어, 강조할 때 주로 사용해요.

한자(漢字)

일본어는 외래어를 제외한 대부분의 표기를 한자와 히라가나로 해요. 일본어 한자는 약자(略字)를 사용하기 때문에 한국에서 쓰는 한자와 모양이 약간 달라요. 일본에서는 음으로 읽는 '음독' 한자와 뜻으로 읽는 '훈독' 한자가 있어요.

예 음독 韓国(かんこく) 캉-꼬꾸 훈독 国(くに) 쿠니

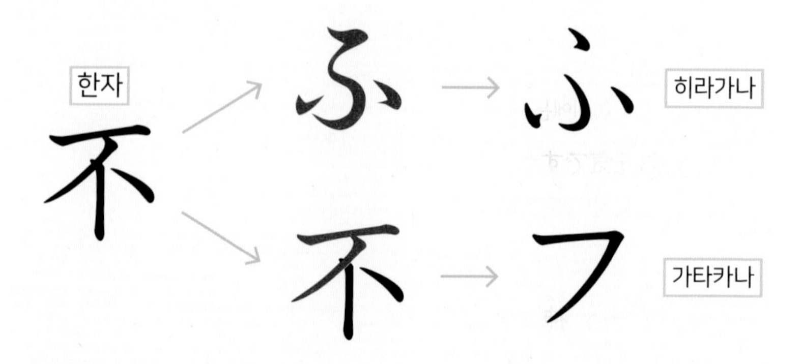

그럼 세 문자가 어떻게 사용되는지 알아볼까요?
앞서 설명했듯이 가타카나는 주로 외래어 등에 쓰이고, 한자는 동사, 형용사의 일부분과 이름 등을 표기할 때 쓰여요. 실제로 히라가나는 조사나 동사, 형용사의 일부분의 표기에만 쓰이죠.
하지만 한자를 어려워하는 아이들이나 외국인을 위해 한자 위에 히라가나로 작게 읽는 방법을 표시합니다. 이렇게 작게 표기한 히라가나를 가리켜 후리가나라고 해요.

일본어의 특징

❶ 우리말과 어순이 같아요.

❷ 띄어쓰기를 하지 않아요.
한자와 히라가나를 함께 쓰기 때문에 띄어 쓰지 않아도 의미가 구분이 돼요.
(* 이 책에서는 학습의 편의상 띄어쓰기를 사용했어요.)

❸ 마침표(。)와 쉼표 (、) 의 모양이 우리말과 달라요.
예 ジウさん、こんにちは。 지우 씨, 안녕하세요.
지우상- 콘-니찌와

❹ 의문 조사 か 뒤에는 물음표를 사용하지 않아요. (발음할 때 끝음을 올려요.)
예 お元気(げんき)ですか。 잘 계시죠?
오겡-끼 데스까 ↗

❺ 한자는 달라도 동일하게 발음되는 단어들이 많아요.
예 紙(かみ) 종이 / 神(かみ) 신 / 髪(かみ) 머리카락 (모두 '카미'로 발음해요.)

일본어는 이렇게 발음해요

일본어는 청음, 탁음, 반탁음, 요음, 촉음, 발음, 장음으로 발음돼요.

00-1

청음 (맑은 소리)

히라가나

단 행	あ	い	う	え	お
あ	あ [a] 아	い [i] 이	う [u] 우	え [e] 에	お [o] 오
か	か [ka] 카	き [ki] 키	く [ku] 쿠	け [ke] 케	こ [ko] 코
さ	さ [sa] 사	し [shi] 시	す [su] 스	せ [se] 세	そ [so] 소
た	た [ta] 타	ち [chi] 치	つ [tsu] 츠	て [te] 테	と [to] 토
な	な [na] 나	に [ni] 니	ぬ [nu] 누	ね [ne] 네	の [no] 노
は	は [ha] 하	ひ [hi] 히	ふ [fu] 후	へ [he] 헤	ほ [ho] 호
ま	ま [ma] 마	み [mi] 미	む [mu] 무	め [me] 메	も [mo] 모
や	や [ya] 야		ゆ [yu] 유		よ [yo] 요
ら	ら [ra] 라	り [ri] 리	る [ru] 루	れ [re] 레	ろ [ro] 로
わ	わ [wa] 와				を [wo] 오
	ん [n] 응				

가타카나

00-2

행＼단	ア	イ	ウ	エ	オ
ア	ア [a] 아	イ [i] 이	ウ [u] 우	エ [e] 에	オ [o] 오
カ	カ [ka] 카	キ [ki] 키	ク [ku] 쿠	ケ [ke] 케	コ [ko] 코
サ	サ [sa] 사	シ [shi] 시	ス [su] 스	セ [se] 세	ソ [so] 소
タ	タ [ta] 타	チ [chi] 치	ツ [tsu] 츠	テ [te] 테	ト [to] 토
ナ	ナ [na] 나	ニ [ni] 니	ヌ [nu] 누	ネ [ne] 네	ノ [no] 노
ハ	ハ [ha] 하	ヒ [hi] 히	フ [fu] 후	ヘ [he] 헤	ホ [ho] 호
マ	マ [ma] 마	ミ [mi] 미	ム [mu] 무	メ [me] 메	モ [mo] 모
ヤ	ヤ [ya] 야		ユ [yu] 유		ヨ [yo] 요
ラ	ラ [ra] 라	リ [ri] 리	ル [ru] 루	レ [re] 레	ロ [ro] 로
ワ	ワ [wa] 와				ヲ [wo] 오
	ン [n] 응				

00-3

탁음 (탁한 소리)

「か·さ·た·は」행의 오른쪽 상단에 탁점(゛)이 붙은 글자예요.

が ガ [ga] 가	ぎ ギ [gi] 기	ぐ グ [gu] 구	げ ゲ [ge] 게	ご ゴ [go] 고
ざ ザ [za] 자	じ ジ [ji] 지	ず ズ [zu] 즈	ぜ ゼ [ze] 제	ぞ ゾ [zo] 조
だ ダ [da] 다	ぢ ヂ [ji] 지	づ ヅ [zu] 즈	で デ [de] 데	ど ド [do] 도
ば バ [ba] 바	び ビ [bi] 비	ぶ ブ [bu] 부	べ ベ [be] 베	ぼ ボ [bo] 보

반탁음 (청음도 탁음도 아닌 소리)

「は」행의 오른쪽 상단에 반탁점(゜)이 붙은 글자예요.

ぱ パ [pa] 파	ぴ ピ [pi] 피	ぷ プ [pu] 푸	ぺ ペ [pe] 페	ぽ ポ [po] 포

00-4

요음 (이중 소리)

「い」를 제외한 い단「き·ぎ·し·じ·ち·に·ひ·び·ぴ·み·り」에「や·ゆ·よ」를 작게 써서 표기한 글자예요.

きゃ	キャ	[kya] 캬	きゅ	キュ	[kyu] 큐	きょ	キョ	[kyo] 쿄
ぎゃ	ギャ	[gya] 갸	ぎゅ	ギュ	[gyu] 규	ぎょ	ギョ	[gyo] 교
しゃ	シャ	[sha] 샤	しゅ	シュ	[shu] 슈	しょ	ショ	[sho] 쇼
じゃ	ジャ	[ja] 쟈	じゅ	ジュ	[ju] 쥬	じょ	ジョ	[jo] 죠
ちゃ	チャ	[cha] 챠	ちゅ	チュ	[chu] 츄	ちょ	チョ	[cho] 쵸
にゃ	ニャ	[nya] 냐	にゅ	ニュ	[nyu] 뉴	にょ	ニョ	[nyo] 뇨
ひゃ	ヒャ	[hya] 햐	ひゅ	ヒュ	[hyu] 휴	ひょ	ヒョ	[hyo] 효
びゃ	ビャ	[bya] 뱌	びゅ	ビュ	[byu] 뷰	びょ	ビョ	[byo] 뵤
ぴゃ	ピャ	[pya] 퍄	ぴゅ	ピュ	[pyu] 퓨	ぴょ	ピョ	[pyo] 표
みゃ	ミャ	[mya] 먀	みゅ	ミュ	[myu] 뮤	みょ	ミョ	[myo] 묘
りゃ	リャ	[rya] 랴	りゅ	リュ	[ryu] 류	りょ	リョ	[ryo] 료

00-5

촉음 (받침처럼 나는 소리)

「つ·ツ」를 원래 크기보다 작게 써서 표기해요. 촉음 다음에 이어지는 음에 따라 [k], [s], [t], [p]로 발음해요. 우리말 ㄱ, ㅅ, ㄷ, ㅂ받침과 비슷해요.

촉음 뒤에 か행이 오면 [ㄱ]으로 발음 (ka)행 ➡ [k]	ひっこし 히ㄱ꼬시 이사 トラック 토라ㄱ꾸 트럭
촉음 뒤에 さ행이 오면 [ㅅ]으로 발음 (sa)행 ➡ [s]	ざっし 자ㅅ시 잡지 メッセージ 메ㅅ세-지 메시지
촉음 뒤에 た행이 오면 [ㄷ]으로 발음 (ta)행 ➡ [t]	おっと 오ㄷ또 남편 セット 세ㄷ또 세트
촉음 뒤에 ぱ행이 오면 [ㅂ]으로 발음 (pa)행 ➡ [p]	きっぷ 키ㅂ뿌 표, 티켓 カップ 카ㅂ뿌 컵

발음 (받침처럼 나는 소리)

「ん·ン」으로 표기하며 다음에 오는 음에 따라 [m], [n], [ŋ], [N]으로 발음해요. 우리말 ㅁ, ㄴ, ㅇ받침과 비슷해요.

「ま·ば·ぱ」행 앞에서는 [ㅁ]으로 발음	かんぱい 카ㅁ빠이 건배 コロンビア 코로ㅁ비아 콜롬비아
「さ·ざ·た·だ·な·ら」행 앞에서는 [ㄴ]으로 발음	かんじ 카ㄴ지 한자 オレンジ 오레ㄴ지 오렌지
「か·が」행 앞에서는 [ㅇ]으로 발음	かんこく 카ㅇ꼬꾸 한국 ピンク 피ㅇ꾸 핑크
「あ·は·や·わ」행 앞에서는 [ㄴ과 ㅇ] 의 중간 발음	でんわ 데ㅇ와 전화 インフルエンザ 이ㄴ후루에ㄴ자 독감

장음 (길게 나는 소리)

00-6

두 개 이상의 모음이 이어질 경우, 앞의 모음을 길게 발음해요. 히라가나 단어에서는 장음을 「あ, い, う, え, お」의 모음으로 표기하지만, 가타카나 단어에서는 「ー」로 표기해요.

모음의 길이에 따라 의미도 달라지니 발음에 주의하세요.

あ단 + あ → [아-]	おかあさん 오까-상- 어머니 スカート 스카-또 스커트
い단 + い → [이-]	おじいさん 오지-상- 할아버지 スキー 스끼- 스키
う단 + う → [우-]	くうき 쿠-끼 공기 グーグル 구-구루 구글
え단 + え, い → [에-]	えいご 에-고 영어 ケーキ 케-끼 케이크
お단 + お, う → [오-]	すもう 스모- 스모, 일본 씨름 ロープ 로-프 로프, 밧줄

Tip

일본어를 일본어답게 발음하는 데에 있어 가장 중요한 것은 리듬이에요.
리듬은 박(=박자) 이라는 단위로 표현이 돼요. 히라가나, 가타카나 각각의 글자는 모두 1박의 길이를 가져요. 촉음과 발음은 우리말의 받침과 유사하지만 한 글자에 해당하는 1박의 길이로 말해 주세요. 장음도 반드시 1박의 길이로 말해야 해요.

예

い	っ	ぱ	い
이	ㅂ	빠	이

가득, 한 잔

さ	よ	う	な	ら
사	요	-	나	라

안녕히 가세요/계세요. (작별 인사)

숫자, 기본만 알면 쉽게 읽혀요!

0~10

00-7

0	1	2	3	4	5
れい 레- ゼロ 제로 まる 마루	いち 이찌	に 니	さん 상-	し / よん 시 / 욘-	ご 고
	6	**7**	**8**	**9**	**10**
	ろく 로꾸	しち / なな 시찌 / 나나	はち 하찌	きゅう/く 큐- / 쿠	じゅう 쥬-

연습

❶ 1부터 10까지 알면 99까지 쉽게 숫자를 말할 수 있어요.

예 11 じゅう いち 쥬-이찌 / 12 じゅう に 쥬-니 / 14 じゅう よん 쥬-욘-

17 じゅう なな 쥬-나나 / 30 さん じゅう 산-쥬- /

99 きゅう じゅう きゅう 큐-쥬-큐-

❷ 전화번호를 말할 때는 이렇게 말해요.

예 010 – 1234 – 5678

ゼロ いち ゼロ の いち に さん よん の ご ろく しち はち
제로 이찌 제로 노 이찌 니 상- 욘- 노 고 로꾸 시찌 하찌

❸ 집 호수, 방 번호는 이렇게 말해요.

예 506 ご まる ろく 고 마루 로꾸

큰 수 읽기

00-8

10	100	1,000	10,000
じゅう 쥬-	ひゃく 햐꾸	せん 센-	いちまん 이찌만-
20	200	2,000	20,000
にじゅう 니쥬-	にひゃく 니햐꾸	にせん 니센-	にまん 니만-
30	300	3,000	30,000
さんじゅう 산-쥬-	さんびゃく 삼-뱌꾸	さんぜん 산-젠-	さんまん 삼-만-
40	400	4,000	40,000
よんじゅう 욘-쥬-	よんひゃく 욘-햐꾸	よんせん 욘-센-	よんまん 욤-만-
50	500	5,000	50,000
ごじゅう 고쥬-	ごひゃく 고햐꾸	ごせん 고센-	ごまん 고만-
60	600	6,000	60,000
ろくじゅう 로꾸쥬-	ろっぴゃく 롭-뺘꾸	ろくせん 록-센-	ろくまん 로꾸만-
70	700	7,000	70,000
ななじゅう 나나쥬-	ななひゃく 나나햐꾸	ななせん 나나센-	ななまん 나나만-
80	800	8,000	80,000
はちじゅう 하찌쥬-	はっぴゃく 합-뺘꾸	はっせん 핫-센-	はちまん 하찌만-
90	900	9,000	90,000
きゅうじゅう 큐-쥬-	きゅうひゃく 큐-햐꾸	きゅうせん 큐-센-	きゅうまん 큐-만-
			100,000
			じゅうまん 쥬-만-

모두 얼마예요?

일본 화폐 (엔 円)

00-9

1円
이찌엔-

5円
고엔-

10円
쥬-엔-

50円
고쥬-엔-

100円
햐꾸엔-

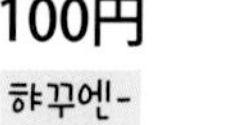

500円
고햐꾸엔-

1,000円
센-엔-

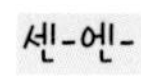

5,000円
고센-엔-

10,000円
이찌만-엔-

연습! 얼마일까요?

- 1,850円　せん はっぴゃく ごじゅう えん　센- 합-빠꾸 고쥬- 엔-
- 16,380円　いちまん ろくせん さんびゃく はちじゅう えん　이찌만- 록-센- 삼-뱌꾸 하찌쥬- 엔-

지금 몇 시예요?

🎧 00-10

시 (時)

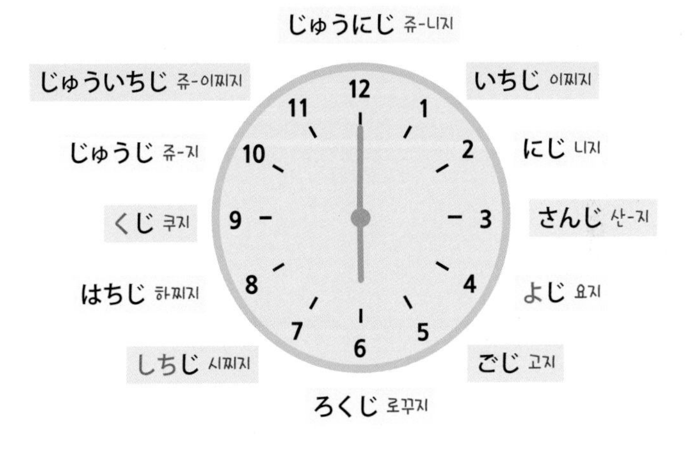

분 (分)

1	いっぷん 입-뿐-	11	じゅういっぷん 쥬-입-뿐-	30	さんじゅっぷん 산-쥽-뿐-
2	にふん 니훈-	12	じゅうにふん 쥬-니훈-	40	よんじゅっぷん 욘-쥽-뿐-
3	さんぷん 삼-뿐-	13	じゅうさんぷん 쥬-삼-뿐-	50	ごじゅっぷん 고쥽-뿐-
4	よんぷん 욤-뿐-	14	じゅうよんぷん 쥬-욤-뿐-		
5	ごふん 고훈-	15	じゅうごふん 쥬-고훈-		
6	ろっぷん 롭-뿐-	16	じゅうろっぷん 쥬-롭-뿐-		
7	ななふん 나나훈-	17	じゅうななふん 쥬-나나훈-		
8	はちふん・はっぷん 하찌훈- 합-뿐-	18	じゅうはちふん・じゅうはっぷん 쥬-하찌훈- 쥬-합-뿐-		
9	きゅうふん 큐-훈-	19	じゅうきゅうふん 쥬-큐-훈-		
10	じゅっぷん 쥽-뿐-	20	にじゅっぷん 니쥽-뿐-		

4時30分
＝4時半
(よじ はん)
요지 한-

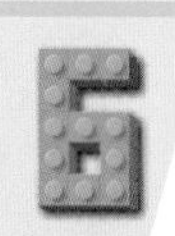

오늘 며칠이에요?

요일(ようび) / 일(にち)

月 げつようび 게쯔요-비	火 かようび 카요-비	水 すいようび 스이요-비	木 もくようび 모꾸요-비
1 ついたち 츠이따찌	2 ふつか 후쯔까	3 みっか 믹-까	4 よっか 욕-까
8 ようか 요-까	9 ここのか 코꼬노까	10 とおか 토-까	11 じゅういちにち 쥬-이찌니찌
15 じゅうごにち 쥬-고니찌	16 じゅうろくにち 쥬-로꾸니찌	17 じゅうななにち 쥬-나나니찌	18 じゅうはちにち 쥬-하찌니찌
22 にじゅうににち 니쥬-니니찌	23 にじゅうさんにち 니쥬-산-니찌	24 にじゅうよっか 니쥬-욕-까	25 にじゅうごにち 니쥬-고니찌
29 にじゅうくにち 니쥬-쿠니찌	30 さんじゅうにち 산-쥬-니찌	31 さんじゅういちにち 산-쥬-이찌니찌	? なんにち 난-니찌

월(がつ)

1月 いちがつ 이찌가쯔	2月 にがつ 니가쯔	3月 さんがつ 상-가쯔	4月 しがつ 시가쯔
5月 ごがつ 고가쯔	6月 ろくがつ 로꾸가쯔	7月 しちがつ 시찌가쯔	8月 はちがつ 하찌가쯔
9月 くがつ 쿠가쯔	10月 じゅうがつ 쥬-가쯔	11月 じゅういちがつ 쥬-이찌가쯔	12月 じゅうにがつ 쥬-니가쯔

00-11

金 きんようび 킹-요-비	土 どようび 도요-비	日 にちようび 니찌요-비
5 いつか 이쯔까	6 むいか 무이까	7 なのか 나노까
12 じゅうににち 쥬-니니찌	13 じゅうさんにち 쥬-산-니찌	14 じゅうよっか 쥬-욕-까
19 じゅうくにち 쥬-쿠니찌	20 はつか 하쯔까	21 にじゅういちにち 니쥬-이찌니찌
26 にじゅうろくにち 니쥬-로꾸니찌	27 にじゅうななにち 니쥬-나나니찌	28 にじゅうはちにち 니쥬-하찌니찌
	★ 17일은 じゅうしちにち (쥬-시찌니찌) 27일은 にじゅうしちにち (니쥬-시찌니찌) 라고도 읽어요.	

시제 (과거-현재-미래)

어제 きのう 키노-	오늘 きょう 쿄-	내일 あした 아시따
지난주 せんしゅう 센-슈-	이번 주 こんしゅう 콘-슈-	다음 주 らいしゅう 라이슈-
지난달 せんげつ 셍-게쯔	이번 달 こんげつ 콩-게쯔	다음 달 らいげつ 라이게쯔
작년 きょねん 쿄넨-	올해 ことし 코또시	내년 らいねん 라이넨-

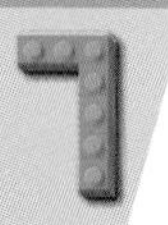

몇 개예요? 몇 명이에요?

00-12

1	いっこ 익-꼬 (한 개)	ひとつ 히또쯔 (하나)	ひとり 히또리 (한 명)
2	にこ 니꼬 (두 개)	ふたつ 후따쯔 (둘)	ふたり 후따리 (두 명)
3	さんこ 상-꼬 (세 개)	みっつ 밋-쯔 (셋)	さんにん 산-닝- (세 명)
4	よんこ 용-꼬 (네 개)	よっつ 욧-쯔 (넷)	よにん 요닝- (네 명)
5	ごこ 고꼬 (다섯 개)	いつつ 이쯔쯔 (다섯)	ごにん 고닝- (다섯 명)
6	ろっこ 록-꼬 (여섯 개)	むっつ 뭇-쯔 (여섯)	ろくにん 로꾸닝- (여섯 명)
7	ななこ 나나꼬 (일곱 개)	ななつ 나나쯔 (일곱)	ななにん 나나닝- (일곱 명)
8	はちこ・はっこ 하찌꼬 학-꼬 (여덟 개)	やっつ 얏-쯔 (여덟)	はちにん 하찌닝- (여덟 명)
9	きゅうこ 큐-꼬 (아홉 개)	ここのつ 코꼬노쯔 (아홉)	きゅうにん 큐-닝- (아홉 명)
10	じゅっこ 쥭-꼬 (열 개)	とお 토- (열)	じゅうにん 쥬-닝- (열 명)
?	なんこ 낭-꼬 (몇 개)	いくつ 이꾸쯔 (몇, 몇 개)	なんにん 난-닝- (몇 명)

가족을 소개할게요

00-13

우리 가족 남의 가족

そふ 소후

おじいさん 오지-상-

そぼ 소보

おばあさん 오바-상-

ちち 치찌

おとうさん 오또-상-

はは 하하

おかあさん 오까-상-

あに 아니

おにいさん 오니-상-

わたし 와따시

あね 아네

おねえさん 오네-상-

おとうと 오또-또

おとうとさん 오또-또상-

いもうと 이모-또

いもうとさん 이모-또상-

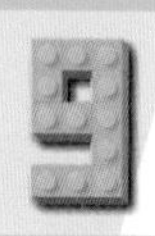

그거, 어디 있어요?

지시대명사 '코·소·아·도'

00-14

	こ 이	そ 그	あ 저	ど 어느
사물	これ 이것 코레	それ 그것 소레	あれ 저것 아레	どれ 어느 것 도레
장소	ここ 여기 코꼬	そこ 거기 소꼬	あそこ 저기 아소꼬	どこ 어디 도꼬
명사 수식	この 이~ 코노	その 그~ 소노	あの 저~ 아노	どの 어느~ 도노

これ 이것

それ 그것

あれ 저것

どれ 어느 것

ここ 여기

そこ 거기

どこ 어디

위치 표현

00-15

うえ 上 위	まえ 前 앞	みぎ 右 오른쪽	なか 中 안, 속
した 下 아래	うし 後ろ 뒤	ひだり 左 왼쪽	そと 外 밖

うえ 上 우에	まえ 前 마에	みぎ 右 미기	なか 中 나까
した 下 시따	うし 後ろ 우시로	ひだり 左 히다리	そと 外 소또

옆, 혹은 근처에 있다는 표현은 세 가지가 있어요.

となり (바로) 옆, 이웃	よこ 옆	そば 근처

초록색 원을 중심으로 생각할 때 「となり토나리」는 파란색 원. 즉, 같은 종류로 이웃해 있는 것을 나타내요. 「よこ요꼬」는 회색 선. 수평 혹은 좌우 방향으로 가까이 있는 것을 나타내요. 「そば소바」는 분홍색 점선. 물리적으로 가까이 있거나 심리적으로 가깝다고 느끼는 것을 나타내요.

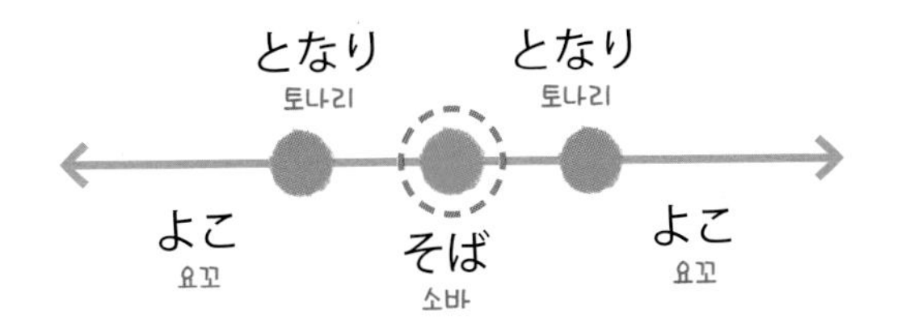

형용사는 두 종류!

형용사는「い이형용사, な나형용사」두 종류가 있어요. 기본형이 다르니 혼동할 일은 없지만 각각의 활용형을 따로 외워 두어야 해요.

い형용사

00-16

1 기본형이「い이」로 끝나는 형용사예요. 맛, 색깔, 온도, 감정 등을 나타내는 표현이 많아요.

예 おいしい [오이시-] 맛있다
からい [카라이] 맵다
ちいさい [치-사이] 작다
しろい [시로이] 하얗다
さむい [사무이] 춥다
おもしろい [오모시로이] 재미있다

2 명사를 수식할 때는 기본형 그대로 명사 앞에 붙여요.

예 からい ラーメン [카라이 라멘-] 매운 라멘
おもしろい ドラマ [오모시로이 도라마] 재미있는 드라마

な형용사

1 기본형이 「だ다」로 끝나는 형용사예요. 사물의 성질이나 상태, 사람의 성격을 나타내는 표현이 많아요.

예 しんせつだ [신-세쯔다] 친절하다
きれいだ [키레-다] 깨끗하다, 예쁘다
ゆうめいだ [유-메-다] 유명하다
べんりだ [벤-리다] 편리하다
まじめだ [마지메다] 성실하다
すきだ [스끼다] 좋아하다

2 명사를 수식할 때는 어미 「だ다」를 「な나」로 바꿔 명사 앞에 붙여요.

예 すきな ひと [스끼나 히또] 좋아하는 사람
ゆうめいな みせ [유-메-나 미세] 유명한 가게

동사는 세 그룹!

동사는 '1그룹, 2그룹, 3그룹' 모두 세 종류가 있어요. 동사의 종류에 따라 활용 형태가 달라지기 때문에 어느 그룹에 속하는지 반드시 알아야 해요. 각각의 활용 형태는 나올 때마다 익혀 보도록 해요. 우선, 동사는 모두 공통적으로 [u] 발음 즉, **う**단으로 끝나요. ~우(**う**), ~루(**る**), ~꾸(**く**), ~무(**む**), ~부(**ぶ**) 등등.
그럼 각각의 동사를 구분하는 방법을 알아 볼까요?

1그룹 동사

00-17

✓ 「**る**루」로 끝나지 않는 동사는 무조건 1그룹이에요.

예 会う(あ) [아우] 만나다
書く(か) [카꾸] 쓰다

う く ぐ す
つ ぬ ぶ む

✓ 「**る**루」로 끝나면서 앞에 [a] [u] [o] 발음이 오는 동사

예 ある [아루] 있다
作る(つく) [츠꾸루] 만들다

あ단 / う단 / お단 + る

2그룹 동사

✓ 「**る**루」로 끝나면서 앞에 [i] [e] 발음이 오는 동사

예 見る(み) [미루] 보다
食べる(た) [타베루] 먹다

い단 / え단 + る

3그룹 동사

✓ 단 2개 밖에 없고 활용이 불규칙하니 무조건 암기하세요!

예 する [스루] 하다

くる [쿠루] 오다

する
くる

예외 1그룹 동사

형태는 2그룹이지만 1그룹으로 분류되는 동사가 있어요. 몇 개 안 되니 나올 때마다 그때그때 기억해 두도록 해요.

예 帰る(かえ) [카에루] 돌아가다, 돌아오다

入る(はい) [하이루] 들어가다, 들어오다

호감을 부르는 기본 인사말

おはようございます。 안녕하세요. (아침)

오하요-고자이마스

おはよう。 안녕. (아침)

오하요-

こんにちは。 안녕하세요. (낮)

곤-니찌와

こんにちは。 안녕하세요. (낮)

곤-니찌와

こんばんは。 안녕하세요. (저녁)

곰-방-와

こんばんは。 안녕하세요. (저녁)

곰-방-와

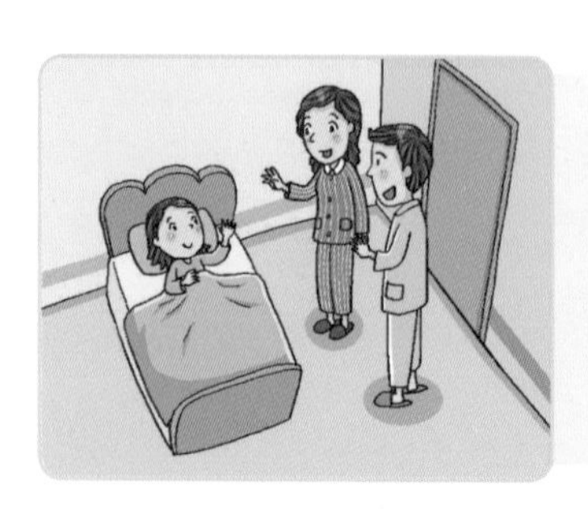

おやすみなさい。 안녕히 주무세요.

오야스미나사이 (저녁에 헤어질 때도 사용해요.)

おやすみ。 잘 자.

오야스미

00-18

ありがとうございます。 감사합니다.
아리가또-고자이마스

いいえ、どういたしまして。 아니요, 별 말씀을요.
이-에, 도-이따시마시떼

すみません。 죄송합니다.
스미마셍-

だいじょうぶです。 괜찮습니다.
다이죠-부데스

いただきます。 잘 먹겠습니다.
이따다끼마스

ごちそうさまでした。 잘 먹었습니다.
고찌소-사마데시따

おめでとうございます。 축하합니다.
오메데또-고자이마스

ありがとうございます。 감사합니다.
아리가또-고자이마스

PART 01

나 이런 사람이야!

자신을 소개하기

01 저는 김지우예요.

~は~です로 이름, 국적 소개하기

2분 초간단 개념 잡기

01-1

일본어도 한국어와 마찬가지로 존댓말과 반말이 있어요. 명사에 「~です데스」를 붙이면 '~입니다, ~예요'라는 존댓말이 돼요. 「Aは Bです」는 'A는 B예요'라는 뜻이에요. 「~は」가 조사로 쓰일 때는 '하'가 아니라 '와'로 발음돼요.

私(わたし)は	キム・ジウです。
와따시와	키무지우데스
저는	김지우예요.

2분 입에서 바로 나오는 문장 말하기

01-2

私(わたし)は ノムラ リツです。 — 저는 노무라 리츠입니다.
와따시와 노무라 리츠데스

私(わたし)は 韓国人(かんこくじん)です。 — 저는 한국 사람이에요.
와따시와 캉-코꾸진-데스

私(わたし)は 日本人(にほんじん)です。 — 저는 일본 사람이에요.
와따시와 니혼-진-데스

✓ 단어 체크

私(わたし) 와따시 나, 저(1인칭 대명사) / ~は 와 ~은, 는(조사) / ~です 데스 ~입니다 / 韓国人(かんこくじん) 캉-꼬꾸진- 한국인 / 日本人(にほんじん) 니혼-진- 일본인

회화로 응용하기

01-3

이름과 나라를 소개해 보세요.

私(わたし)は シャオインです。
와따시와 샤오잉-데스
저는 샤오잉이에요.

私(わたし)は マイケルです。
와따시와 마이케루데스
저는 마이클이에요.

1 シャオイン [샤오잉-] 샤오잉	2 マイケル [마이케루] 마이클
3 中国人(ちゅうごくじん) [츄-고꾸진-] 중국인	4 アメリカ人(じん) [아메리카진-] 미국인

문제로 확인해 보기

1 저는 한국 사람이에요. ▸ ____________________

2 저는 미국 사람이에요. ▸ ____________________

3 저는 ○○○(자신의 이름)이에요. ▸ ____________________

오늘의 10분 끝!

오늘의 10분 시작!

02 저는 대학생이에요.

~は~です로 직업, 신분 소개하기

초간단 개념 잡기

02-1

「~は~です~와~데스」를 써서 직업과 신분을 소개해 봅시다.

だい がく せい
大学生です。

와따시와 — 다이각-세-데스

저는 — 대학생이에요.

> ✱ く 뒤에 さ행이 오면 ㄱ받침으로 읽어요.
> だいがくせい: 다이가꾸세-(x) 다이각-세-(o)

입에서 바로 나오는 문장 말하기

02-2

わたし かいしゃいん
私は 会社員です。 — 저는 회사원이에요.
와따시와 카이샤인-데스

わたし
私は エンジニアです。 — 저는 엔지니어예요.
와따시와 엔-지니아데스

わたし りゅうがくせい
私は 留学生です。 — 저는 유학생이에요.
와따시와 류-각-세-데스

✓ 단어 체크

大学生(だいがくせい) 다이각-세- 대학생 / 会社員(かいしゃいん) 카이샤인- 회사원 / エンジニア 엔-지니아 엔지니어 / 留学生(りゅうがくせい) 류-각-세- 유학생

회화로 응용하기

직업과 신분을 소개해 보세요.

わたし　がくせい
私は 学生です。
와따시와 각-세- 데스
저는 학생이에요.

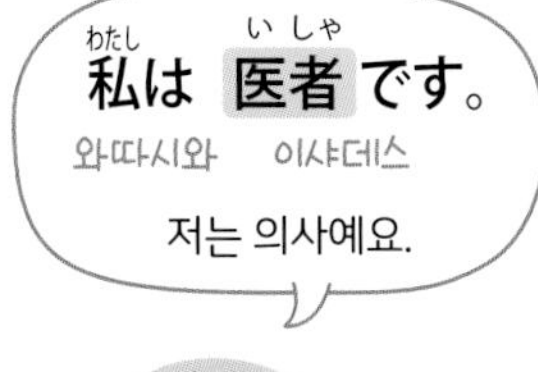

1 学生(がくせい) [각-세-] 학생	2 医者(いしゃ) [이샤] 의사
3 主婦(しゅふ) [슈후] 주부	4 デザイナー [데자이나-] 디자이너

3분 문제로 확인해 보기

1 저는 디자이너예요. ▸ ______________________

2 저는 대학생이에요. ▸ ______________________

3 저는 회사원이에요. ▸ ______________________

오늘의 10분 끝!

오늘의 10분 시작!

03 기무라 씨는 회사원이에요?

～さんは～ですか로 질문하기

2분 초간단 개념 잡기

03-1

「～さんは～ですか ~상-와~데스까」는 '~씨는 ~입니까, ~예요?'라고 존댓말로 묻는 표현이에요. 일본에서는 상대방의 이름을 말할 때, 풀네임이 아니라 성씨 뒤에 「～さん 상-」을 붙이는 것이 일반적이에요.

木村(きむら)さんは　会社員(かいしゃいん)ですか。

키무라상-와　카이샤인-데쓰까

기무라 씨는　회사원이에요?

2분 입에서 바로 나오는 문장 말하기

03-2

金(キム)さんは 大学生(だいがくせい)ですか。
키무상-와 다이각-세-데스까
김 씨는 대학생이에요?

鈴木(すずき)さんは プログラマーですか。
스즈키상-와 프로그라마-데스까
스즈키 씨는 프로그래머예요?

スミスさんは 俳優(はいゆう)ですか。
스미스상-와 하이유-데스까
스미스 씨는 배우입니까?

✓ 단어 체크

～さん 상- ~씨 / ～ですか 데스까 ~입니까? / プログラマー 프로그라마- 프로그래머 / 俳優(はいゆう) 하이유- 배우

회화로 응용하기

03-3

상대방의 직업을 물어보세요.

イさんは 銀行員(ぎんこういん)ですか。
이상-와 깅-꼬-잉-데스까
이 씨는 은행원이에요?

1 イさん [이상-] 이 씨 / 銀行員(ぎんこういん) [깅-꼬-잉-] 은행원
2 田中(たなか)さん [타나까상-] 다나카 씨 / 先生(せんせい) [센-세-] 선생님
3 スミスさん [스미스상-] 스미스 씨 / 記者(きしゃ) [키샤] 기자

문제로 확인해 보기

1 스즈키 씨는 프로그래머예요? ▶ ______

2 김 씨는 대학생이에요? ▶ ______

3 다나카 씨는 선생님이에요? ▶ ______

오늘의 10분 끝!

오늘의 10분 시작!

04 네, 회사원이에요.

はい、～です로 긍정의 대답하기

2분 초간단 개념 잡기

04-1

'네, ~입니다(이에요)'라고 긍정으로 대답하려면 「はい、～です하이, ~데스」라고 말하면 돼요. 「ええ、～です에-, ~데스」는 조금 가벼운 느낌이 드는 긍정표현이에요.

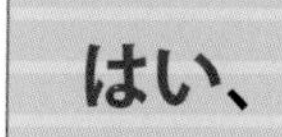

会社員(かいしゃいん)です。

하이	카이샤인-데스
네,	회사원이에요.

2분 입에서 바로 나오는 문장 말하기

04-2

はい、学生(がくせい)です。 네, 학생이에요.
하이 각-세-데스

はい、公務員(こうむいん)です。 네, 공무원이에요.
하이 코-무인-데스

ええ、看護師(かんごし)です。 네, 간호사예요.
에- 캉-고시데스

✓ 단어 체크

はい 하이 네, 예(대답하는 소리 = ええ에-) / 公務員(こうむいん) 코-무인- 공무원 / 看護師(かんごし) 캉-고시 간호사

회화로 응용하기

긍정으로 대답하는 연습을 해 보세요.

鈴木さん(すずき) は **警察官**(けいさつかん) ですか。
스즈키상-와 케-사쯔깐-데스까
스즈키 씨는 경찰관이에요?

はい、**警察官**(けいさつかん) です。
하이 케-사쯔깐-데스
네, 경찰관이에요.

★ 「あなたは～ですか 아나따와~데스까」를 써서 '당신은 ~입니까?' 라고 질문할 수도 있지만, 성씨 뒤에 「～さん 상-」을 붙여 질문하는 것이 일반적이에요.

1 鈴木さん(すずき) [스즈키상-] 스즈키 씨 / 警察官(けいさつかん) [케-사쯔깐-] 경찰관

2 イさん [이상-] 이 씨 / 弁護士(べんごし) [벤-고시] 변호사

3 ジョニーさん [조니-상-] 조니 씨 / シェフ [셰후] 셰프, 요리사

문제로 확인해 보기

1 네, 공무원이에요. ▶ ______________________

2 네, 셰프예요. ▶ ______________________

3 네, 회사원이에요. ▶ ______________________

오늘의 10분 끝!

오늘의 10분 시작!

05 아니요, 회사원이 아니에요.

いいえ、～じゃないです로 부정의 대답하기

초간단 개념 잡기

05-1

「いいえ、～じゃないです이-에, ~쟈 나이데스」라고 대답하면 '아니요, ~가 아닙니다(아니에요)'라는 뜻이 돼요. 보다 격식 차린 표현으로「いいえ、～じゃありません이-에, ~쟈 아리마셍-」 또는「～では ありません~데와 아리마셍-」이 있어요.

いいえ、 会社員(かいしゃいん)**じゃないです。**

이-에 / 카이샤인- 쟈 나이데스

아니요, 회사원이 아니에요.

입에서 바로 나오는 문장 말하기

05-2

いいえ、店員(てんいん)じゃないです。 아니요, 점원이 아니에요.
이-에 텐-인- 쟈 나이데스

いいえ、モデルじゃないです。 아니요, 모델이 아니에요.
이-에 모데루 쟈 나이데스

いいえ、医者(いしゃ)じゃありません。 아니요, 의사가 아니에요.
이-에 이샤 쟈 아리마셍-

✓ 단어 체크

いいえ 이-에 아니요 / ～じゃないです 쟈 나이데스 ~가 아니에요(= ～じゃありません 쟈 아리마셍-) / 店員(てんいん) 텐-인- 점원 / モデル 모데루 모델

회화로 응용하기

05-3

부정으로 대답하는 연습을 해 보세요.

イ・ジンさんは 歌手(かしゅ)ですか。
이진-상-와 카슈데스까
이진 씨는 가수예요?

いいえ、歌手(かしゅ)じゃないです。
이-에 카슈쟈 나이데스
아니요, 가수가 아니에요.

1 イ・ジンさん [이진-상-] 이진 씨 / 歌手(かしゅ) [카슈] 가수

2 田中(たなか)さん [타나까 상-] 다나카 씨 / デザイナー [데자이나-] 디자이너

3 アンリさん [앙-리상-] 앙리 씨 / 軍人(ぐんじん) [군-진-] 군인

문제로 확인해 보기

1 아니요, 회사원이 아니에요. ▸ ______________________

2 아니요, 점원이 아니에요. ▸ ______________________

3 아니요, 모델이 아니에요. ▸ ______________________

오늘의 10분 끝!

Day 01-05 Review

1/ 빈칸에 들어갈 알맞은 단어를 보기 에서 찾아 쓰세요.

보기 ちゅうごくじん / にほんじん / アメリカじん / かんこくじん

1. わたしは [　　　　] です。 저는 한국 사람이에요.
2. スミスさんは [　　　　] です。 스미스 씨는 미국 사람이에요.
3. ワンさんは [　　　　] です。 왕 씨는 중국 사람이에요.
4. さとうさんは [　　　　] です。 사토 씨는 일본 사람이에요.

2/ 그림과 연관된 단어를 고르세요.

예

ⓐせんせい
b.がくせい

1

a. べんごし
b. かんごし

2

a. けいさつかん
b. デザイナー

3

a. シェフ
b. かしゅ

3/ 다음 질문에 긍정 또는 부정으로 대답해 보세요.

1. イさんは　りゅうがくせいですか。 ▶ はい、＿＿＿＿＿＿＿＿＿＿。
   이 씨는 유학생이에요? 네, 유학생이에요.

2. たなかさんは　いしゃですか。 ▶ いいえ、＿＿＿＿＿＿＿＿＿＿。
   다나카 씨는 의사예요? 아니요, 의사가 아니에요.

3. アダムさんは　はいゆうですか。 ▶ ええ、＿＿＿＿＿＿＿＿＿＿。
   아담 씨는 배우예요? 네, 배우예요.

4/ 다음 대화를 잘 읽고 「チャンさん」에 해당하는 인물을 찾아 보세요.

スミス: チャンさんは、かんこくじんですか。

チャン: いいえ、かんこくじんじゃありません。ちゅうごくじんです。

スミス: モデルですか。

チャン: いいえ、デザイナーです。

1

2

3

정답

1/ 1 かんこくじん　2 アメリカじん　3 ちゅうごくじん　4 にほんじん

2/ 1 b　2 a　3 a

3/ 1 りゅうがくせいです　2 いしゃじゃないです (=いしゃじゃありません)
3 はいゆうです

4/ 2

오늘의 10분 시작!

06 취미는 뭐예요?

～は、何ですか로 이름, 취미, 직업 묻기

2분 초간단 개념 잡기

06-1

「何(なん)ですか난-데스까」는 '무엇입니까, 뭐예요?'라는 뜻이에요. 「～は、何(なん)ですか～와 난-데스까」를 써서 상대방의 이름이나 취미, 직업 등을 물어 봅시다.

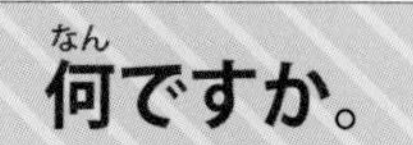

趣味(しゅみ)は	何(なん)ですか。
슈미와	난-데스까
취미는	뭐예요?

★ 명사 앞에 「お오」나 「ご고」를 붙이면 정중한 느낌이 듭니다. (名前(なまえ)나마에 이름 ➡ お名前(なまえ)오나마에 성함)
그러나 자신의 이름을 말할 때는 お를 붙이지 않습니다. 「私の名前は～와따시노 나마에와 제 이름은～」

2분 입에서 바로 나오는 문장 말하기

06-2

ご趣味(しゅみ)は 何(なん)ですか。 고슈미와 난-데스까	취미는 뭐예요?
お名前(なまえ)は 何(なん)ですか。 오나마에와 난-데스까	이름은 뭐예요? (=성함은 어떻게 되세요?)
お仕事(しごと)は 何(なん)ですか。 오시고또와 난-데스까	직업은 뭐예요? (=무슨 일 하세요?)

✓ 단어 체크

趣味(しゅみ) 슈미 취미 / 名前(なまえ) 나마에 이름 / 仕事(しごと) 시고또 일, 직업

회화로 응용하기

이름과 직업, 취미를 묻고 대답해 보세요.

お名前(なまえ)は 何(なん)ですか。
오나마에와 난-데스까
성함은 어떻게 되세요?

井上(いのうえ)です。
이노우에데스
이노우에입니다.

★ 이름을 물을 때, 다음과 같이 말하면 보다 정중하게 들려요.
「お名前(なまえ)は 何(なん)と おっしゃいますか
오나마에와 난-또 옷-샤이마스까」

1	お名前(なまえ) [오나마에] 성함 / 井上(いのうえ) [이노우에] 이노우에
2	お仕事(しごと) [오시고또] 일, 직업 / 作家(さっか) [삭-까] 작가
3	ご趣味(しゅみ) [고슈미] 취미 / ドライブ [도라이브] 드라이브, 운전

문제로 확인해 보기

1. 직업은 뭐예요? ▶ ________________

2. 취미는 뭐예요? ▶ ________________

3. 이름은 뭐예요? ▶ ________________

오늘의 10분 끝!

오늘의 10분 시작!

07 영화를 좋아해요.

すきです로 좋아하는 것 말하기

초간단 개념 잡기

07-1

「～が すきです～가 스끼데스」는 '~을/를 좋아해요'라는 뜻이에요.
이때 '~을/를'에 해당하는 조사 「～を오」가 아니라 '~이/가'에 해당하는 「～が가」를 사용한다는 점을 꼭 기억해 두세요.

映画(えいが)が

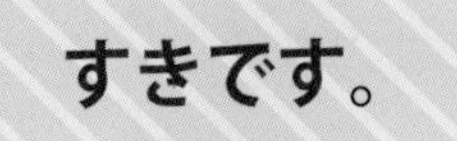

映画(えいが)が	すきです。
에-가가	스끼데스
영화를	좋아해요.

★ 07~10강은 모두 な형용사 표현이에요. PART2에서 자세히 익힐 테니 여기서는 표현을 그대로 익혀 봅시다.

입에서 바로 나오는 문장 말하기

07-2

料理(りょうり)が すきです。 — 요리를 좋아해요.
료-리가 스끼데스

旅行(りょこう)が すきです。 — 여행을 좋아해요.
료꼬-가 스끼데스

ドライブが すきです。 — 드라이브를 좋아해요.
도라이브가 스끼데스

✓ 단어 체크

～が 가 ~이, 가(조사) / ～を 오 ~을, 를(조사) / 映画(えいが) 에-가 영화 / 料理(りょうり) 료-리 요리 / 旅行(りょこう) 료꼬- 여행 / ドライブ 도라이브 드라이브

회화로 응용하기

07-3

좋아하는 것을 묻고 대답해 보세요.

ゲーム は すきですか。
게-무와 스끼데스까
게임은 좋아해요?

はい、すきです。
하이 스끼데스
네, 좋아해요.

1 ゲーム [게-무] 게임
2 マンガ [망-가] 만화
3 カラオケ [카라오께] 노래방

문제로 확인해 보기

1 여행을 좋아해요. ▸ ____________________

2 요리를 좋아해요. ▸ ____________________

3 드라이브를 좋아해요. ▸ ____________________

오늘의 10분 끝!

오늘의 10분 시작!

08 스포츠는 좋아하지 않아요.

すきじゃないです로 좋아하지 않는 것 말하기

초간단 개념 잡기

08-1

「~は すきじゃないです~와 스끼쟈나이데스」는 '~은/는 좋아하지 않아요'라는 뜻이에요. 동일한 표현으로「~は すきじゃありません~와 스끼쟈아리마셍-」이 있어요.

スポーツは	すきじゃないです。
스포-츠와	스끼쟈 나이데스
스포츠는	좋아하지 않아요.

★ '싫어해요'라는 뜻으로 「きらいです키라이데스」라는 표현도 있지만, 일본인들은 직설적으로 말하기 보다 '좋아하지 않아요'라고 완곡하게 표현하는 경우가 많아요.

입에서 바로 나오는 문장 말하기

08-2

やまのぼりは すきじゃないです。
야마노보리와 스끼쟈 나이데스
등산은 좋아하지 않아요.

料理(りょうり)は あまり すきじゃないです。
료-리와 아마리 스끼쟈 나이데스
요리는 별로 좋아하지 않아요.

ゴルフは すきじゃありません。
고루후와 스끼쟈 아리마셍-
골프는 좋아하지 않아요.

✓ 단어 체크

スポーツ 스포-츠 스포츠 / やまのぼり 야마노보리 등산 / あまり 아마리 그다지, 별로 / ゴルフ 고루후 골프

회화로 응용하기

무엇을 좋아하지 않는지 말해 보세요.

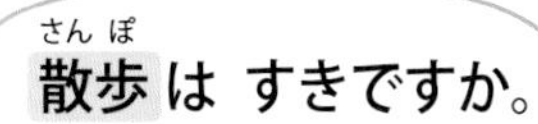

さん ぽ
散歩は すきですか。
삼-뽀와 스끼데스까
산책은 좋아해요?

さん ぽ
いいえ、**散歩**は すきじゃないです。
이-에 삼-뽀와 스끼쟈 나이데스
아니요, 산책은 좋아하지 않아요.

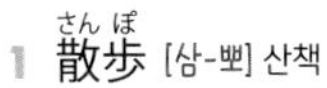

1 散歩(さんぽ) [삼-뽀] 산책

2 アニメ [아니메] 애니메이션

3 映画(えいが) [에-가] 영화

3분 문제로 확인해 보기

1 스포츠는 좋아하지 않아요. ▶ ____________________

2 등산은 좋아하지 않아요. ▶ ____________________

3 골프는 좋아하지 않아요. ▶ ____________________

오늘의 10분 끝!

오늘의 10분 시작!

09 영어를 잘해요.

じょうずです로 잘하는 것 말하기

2분 초간단 개념 잡기

09-1

「~が じょうずです~가 죠-즈데스」는 '~을/를 잘해요'라는 뜻이에요. 이때 조사는「を오」가 아니라「が가」를 사용한다는 점을 꼭 기억해 두세요.
자신의 능력이나 자신이 있는 것을 말할 때는「とくいです토꾸이데스」를 쓰는 것이 더 좋아요.

英語(えいご)が	じょうずです。
에-고가	죠-즈데스
영어를	잘해요.

2분 입에서 바로 나오는 문장 말하기

09-2

ピアノが じょうずです。 피아노를 잘 쳐요.
피아노가 죠-즈데스

彼女(かのじょ)は ダンスが じょうずです。 그녀는 춤을 잘 춰요.
카노죠와 단-스가 죠-즈데스

日本語(にほんご)が とくいです。 (나는) 일본어를 잘해요.
니홍-고가 토꾸이데스

✓ 단어 체크

英語(えいご) 에-고 영어 / ピアノ 피아노 피아노 / 彼女(かのじょ) 카노죠 그녀 / ダンス 단-스 댄스, 춤 / 日本語(にほんご) 니홍-고 일본어

회화로 응용하기

09-3

무엇을 잘하는지 말해 보세요.

日本語(にほんご)が じょうずです。
니홍-고가 죠-즈데스

일본어를 잘해요.

1 日本語(にほんご) [니홍-고] 일본어

2 歌(うた) [우따] 노래

3 パソコン [파소꽁-] 컴퓨터

3분 문제로 확인해 보기

1 피아노를 잘 쳐요. ▶ ______

2 영어를 잘해요. ▶ ______

3 노래를 잘해요. ▶ ______

오늘의 10분 끝!

오늘의 10분 시작!

10 중국어는 잘 못해요.

じょうずじゃないです로 못하는 것 말하기

초간단 개념 잡기

10-1

「~は じょうずじゃないです~와 죠-즈쟈나이데스」는 '은/는 잘 못해요'라는 뜻이에요. 동일한 표현으로「~は じょうずじゃありません~와 죠-즈쟈아리마셍-」이 있어요. 「へたです헤따데스」는 '잘 못해요, 서툴러요'라는 뜻이에요. 「にがてです니가떼데스」도 비슷한 뜻인데, '싫어한다'는 뉘앙스가 포함되어 있어요.

ちゅうごくご 中国語は	じょうずじゃないです。
츄-고꾸고와	죠-즈쟈나이데스
중국어는	잘 못해요.

입에서 바로 나오는 문장 말하기

10-2

スポーツは じょうずじゃないです。
스포-츠와 죠-즈쟈나이데스

스포츠는 잘 못해요.

えいご
英語は あまり じょうずじゃないです。
에-고와 아마리 죠-즈쟈나이데스

영어는 별로 잘 못해요.

りょうり
料理は へたです。
료-리와 헤따데스

요리는 서툴러요.

✔ 단어 체크

ちゅうごくご
中国語 츄-고꾸고 중국어 / あまり 아마리 그다지, 별로

회화로 응용하기

10-3

무엇을 잘 못하는지 말해 보세요.

サッカーは じょうずですか。
삭-까-와 죠-즈데스까
축구는 잘해요?

いいえ、サッカーは じょうずじゃないです。
이-에 삭-까-와 죠-즈쟈나이데스
아니요, 축구는 잘 못해요.

* 「~は じょうずですか ~와 죠-즈데스까」는 '~는 잘해요?' 라고 묻는 표현이에요. 윗사람에게는 사용하지 않는 게 좋아요.

1 サッカー [삭-까-] 축구
2 運転(うんてん) [운-뗀-] 운전
3 スペイン語(ご) [스페잉-고] 스페인어

문제로 확인해 보기

1 중국어는 잘 못해요. ▶ ____________________

2 요리는 서툴러요. ▶ ____________________

3 운전은 잘 못해요. ▶ ____________________

오늘의 10분 끝!

Day 06 - 10 Review

1/ 다음 질문에 어울리는 대답을 연결해 보세요.

❶ お仕事(しごと)は 何(なん)ですか。 • • a. 旅行(りょこう)です。

❷ お名前(なまえ)は 何(なん)ですか。 • • b. 木村(きむら)です。

❸ ご趣味(しゅみ)は 何(なん)ですか。 • • c. 会社員(かいしゃいん)です。

2/ 그림과 어울리는 표현을 골라 보세요.

예 ピアノが
(ⓐ じょうずです / b. じょうずじゃないです)。

❶ 英語(えいご)が
(a. じょうずです / b. じょうずじゃないです)。

❷ 料理(りょうり)が (a. じょうずです / b. へたです)。

❸ 歌(うた)が (a. とくいです / b. にがてです)。

3/ 한국어를 참고하여 빈칸에 들어갈 말을 히라가나로 써 보세요.

1. わたしは 映画(えいが) [　　] すきです。
나는 영화를 좋아해요.

2. カラオケは すき [　　] ないです。
노래방은 좋아하지 않아요.

3. 英語(えいご) [　　] じょうずです。
영어를 잘해요.

4. 運転(うんてん) [　　] じょうずじゃないです。
운전은 잘 못해요.

4/ 다음 중 뉘앙스가 다른 표현을 골라 보세요.

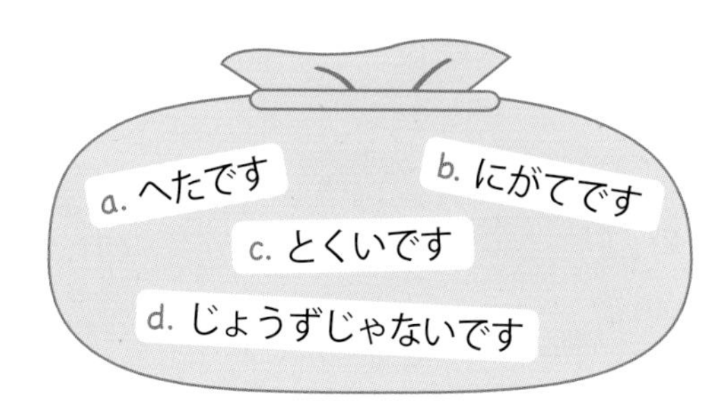

정답

1/ 1 c　2 b　3 a
2/ 1 b　2 b　3 a
3/ 1 が　2 じゃ / では　3 が　4 は
4/ c

소고기는 서리가 내려야 제맛!

고기를 좋아하는 분들이라면 마블링(マーブリング)이라는 말을 한번쯤 들어 보셨을 거예요. 고기 사이에 그물처럼 분포된 지방을 말하죠. 일본어로는 서리(しも)가 내린(ふる)것 같다고 하여 시모후리(しもふり)라고도 합니다. 마블링은 소고기의 맛을 결정하는 중요한 요소이기 때문에 고르게 분포된 정도와 모양에 따라 소고기의 가격과 등급이 달라집니다.

일본에서 소고기를 먹기 시작한 역사는 그리 오래 되지 않았어요. 불교가 전래되고 수렵과 육식이 금지되면서 소고기를 식용으로 공공연하게 소비하지는 못했어요. 그래서 몰래 숨어서 먹거나 약용으로 처방 받아 먹었다고 해요.

일본에서 서구식 육식 문화가 정착된 것은 일본 근대화가 시작되는 메이지 시대(明治時代 1868~1912)부터라고 해요. 지금은 일본의 식탁에서 빼 놓을 수 없는 식재료 중 하나가 되었죠.

일본인들이 즐기는 대표적인 소고기 요리에 대해 알아볼까요?

• 스키야키 (すき焼き すきやき)

간장과 설탕, 맛술 등을 넣은 양념 소스에 얇게 썬 소고기와 파, 두부 등의 재료를 넣고 자작하게 졸여서 먹는 전골 요리예요. 본래 스키야키는 철판에 생선이나 어패류, 채소 등 좋아하는 재료를 함께 구워 먹는 음식이었는데, 메이지 시대 고베(神戸 こうべ)에서 처음으로 얇게 썬 소고기를 철판에 구워 먹기 시작했다고 전해집니다.

한편 도쿄와 요코하마에서는 규나베(牛鍋 ぎゅうなべ) 라는 것이 유행을 했는데, 오늘날의 스키야키 요리 방식과 가장 가깝다고 할 수 있어요.

● **규동** (牛丼ぎゅうどん)

규동은 스키야키동(すき焼き丼すきやきどん)이라고도 해요. 밥 위에 스키야키의 고기와 채소를 얹고 달짝지근한 국물(つゆ)을 끼얹어 먹는 음식인데, 메이지 시대에는 규메시(牛めしぎゅうめし)라는 이름으로 팔렸습니다. '규동'이라는 이름은 1899년 창업한 요시노야(吉野家よしのや)에서 처음 사용했어요. 요시노야는 규동을 하나의 패스트푸드처럼 체인점화 했는데, 이를 계기로 규동이 대표적인 서민 음식의 하나로 사랑받게 되었어요.

● **야키니쿠** (焼肉やきにく)

고기(肉にく)를 굽는다(焼くやく)는 의미의 야키니쿠는 숯불에 직화로 구워 먹는 소고기를 뜻해요. 서양식 바비큐의 번역어로도 사용된 기록이 있지만, 일반적으로 한국식 불고기, 갈비구이를 말해요. 야키니쿠의 메뉴에는 반드시 카루비(カルビ)와 호루몬(ホルモン)이 포함되어 있는데, 카루비는 갈비, 호루몬은 곱창이나 양과 같은 소의 내장 구이를 일컫습니다.

PART 02

느끼는 대로 말해!

느낌·감정·상태 표현하기

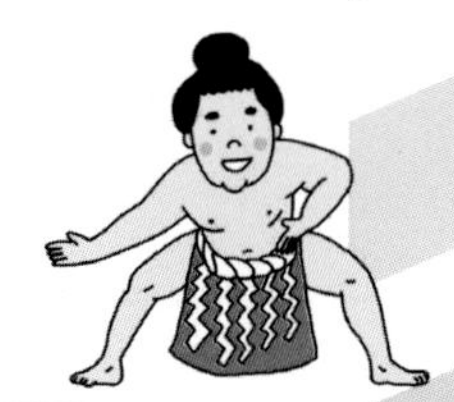

오늘의 10분 시작!

11 오늘은 더워요.

い형용사로 날씨, 기온 표현하기

초간단 개념 잡기

11-1

「あついの아쯔이」는 '덥다'라는 뜻의 い형용사예요.

い형용사 기본형에 '~ㅂ니다, ~예요'라는 뜻인 「です데스」를 붙이면 정중한 표현이 돼요.

あつい 덥다 ➡ あついです 덥습니다

교-와	아쯔이데스
오늘은	더워요.

입에서 바로 나오는 문장 말하기

春(はる)は 暖(あたた)かいです。　봄은 따뜻해요.

하루와　아따따까이데스

秋(あき)は 涼(すず)しいですね。　가을은 시원하네요.

아끼와　스즈시-데스네

「〜ね」는 상대방에게 확인을 하거나 동의를 구할 때 사용하는 표현이에요. '~네요', '~군요'

水(みず)が 冷(つめ)たいです。　물이 차가워요.

미즈가　츠메따이데스

✓ 단어 체크

今日(きょう) 교- 오늘 / 暑(あつ)い 아쯔이 덥다 / 春(はる) 하루 봄 / 暖(あたた)かい 아따따까이 따뜻하다 / 秋(あき) 아끼 가을 / 涼(すず)しい 스즈시- 시원하다 / 水(みず) 미즈 (찬)물 / 冷(つめ)たい 츠메따이 차갑다

3분 회화로 응용하기

날씨와 기온을 나타내는 표현을 익혀 보세요.

この冬(ふゆ)は寒い(さむい)ですね。
코노 후유와 사무이데스네
이번 겨울은 춥네요.

そうですね。
소-데스네
그렇네요.

1 この冬(ふゆ) [코노 후유] 이번 겨울	寒い(さむい) [사무이] 춥다
2 この夏(なつ) [코노 나쯔] 이번 여름	暑い(あつい) [아쯔이] 덥다
3 朝(あさ)の風(かぜ) [아사노 카제] 아침 바람	冷たい(つめたい) [츠메따이] 차갑다

* 「そうですね 소-데스네」는 '그렇네요, 그렇군요'하고 동의, 동감하는 표현이에요.

* 「この코노 +명사」는 '이~'라는 뜻이에요. (30p 참고)
* 「명사 + の노+ 명사」에서 「の」는 명사와 명사 사이를 연결해 주는 역할을 해요.

3분 문제로 확인해 보기

1 오늘은 더워요. ▶ ______________________

2 물이 차가워요. ▶ ______________________

3 이번 겨울은 춥네요. ▶ ______________________

오늘의 10분 끝!

오늘의 10분 시작!

12 그녀는 상냥하고 재미있어요.

い형용사로 이어 말하기

2분 초간단 개념 잡기

12-1

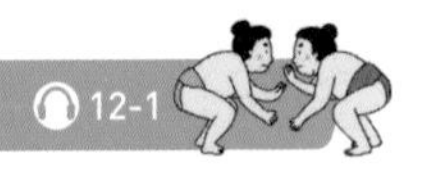

い형용사의 기본형에서 어미「い이」를「くて쿠테」로 바꾸면 '~하고(해서)'라는 연결의 의미가 돼요. やさしい 상냥하다 ➡ やさしくて 상냥하고, 상냥해서

彼女(かのじょ)は	やさしくて	おもしろいです。
카노죠와	야사시쿠테	오모시로이데스
그녀는	상냥하고	재미있어요.

✱ 예외 - '좋다'라는 의미의 い형용사는「いい, よい」라고 하는데 활용할 때는 꼭 よい로 써요.
いい 좋다 ➡ いくて(X) / よくて(O) 좋고, 좋아서

2분 입에서 바로 나오는 문장 말하기

12-2

ラーメンは 安(やす)くて おいしいです。 라멘은 싸고 맛있어요.
라-멘-와 야스쿠테 오이시-데스

へやは 広(ひろ)くて あかるいです。 방은 넓고 밝아요.
헤야와 히로쿠테 아까루이데스

子犬(こいぬ)は 小(ちい)さくて かわいいです。 강아지는 작고 귀여워요.
코이누와 치-사쿠테 카와이-데스

✔ 단어 체크

やさしい 야사시- 상냥하다 / おもしろい 오모시로이 재미있다 / ラーメン 라-멘- 라멘 / 安(やす)い 야스이 싸다 / おいしい 오이시- 맛있다 / へや 헤야 방 / 広(ひろ)い 히로이 넓다 / あかるい 아까루이 밝다 / 子犬(こいぬ) 코이누 강아지 / 小(ちい)さい 치-사이 작다 / かわいい 카와이- 귀엽다

회화로 응용하기

12-3

い형용사를 연결해서 말해 보세요.

ねこは どうですか。
네코와 도-데스까
고양이는 어때요?

작고 귀여워요.

※「~は どうですか ~와 도-데스까」는 '~은/는 어때요?'하고 물어 보는 표현이에요.

1 ねこ [네코] 고양이 / 小(ちい)さい [치-사이] 작다 / かわいい [카와이-] 귀엽다

2 友(とも)だち [토모다찌] 친구 / おもしろい [오모시로이] 재미있다 / やさしい [야사시-] 상냥하다

3 店(みせ) [미세] 가게 / あかるい [아까루이] 밝다 / 広(ひろ)い [히로이] 넓다

3분 문제로 확인해 보기

1 라면은 싸고 맛있어요. ▶ ______________________

2 방은 넓고 밝아요. ▶ ______________________

3 고양이는 작고 귀여워요. ▶ ______________________

오늘의 10분 끝!

오늘의 10분 시작!

13 회사는 멀지 않아요.

い형용사로 부정표현하기

초간단 개념 잡기

13-1

い형용사를 정중한 부정문으로 만들 때는 어미「い이」를「く쿠」로 바꾸고「ないです」를 붙여요. とおい 멀다 ➡ とおくないです 멀지 않습니다

会社(かいしゃ)は 遠(とお)くないです。

카이샤와 토-쿠나이데스

회사는 멀지 않아요.

✱ 예외 - いい 좋다 ➡ よくないです 좋지 않아요

입에서 바로 나오는 문장 말하기

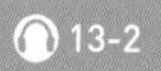

13-2

テストは あまり 難(むずか)しくないです。

테스또와 아마리 무즈카시쿠나이데스

시험은 그다지 어렵지 않아요.

今日(きょう)の 天気(てんき)は よくないです。

쿄-노 텡-끼와 요쿠나이데스

오늘 날씨는 좋지 않아요.

頭(あたま)は あまり 痛(いた)くないです。

아따마와 아마리 이따쿠나이데스

머리는 별로 안 아파요.

✔ 단어 체크

遠(とお)い 토-이 멀다 / テスト 테스또 테스트, 시험 / あまり 아마리 그다지, 별로 / 難(むずか)しい 무즈카시- 어렵다 / 天気(てんき) 텡-끼 날씨 / いい 이- 좋다 (=よい 요이) / 頭(あたま) 아따마 머리 / 痛(いた)い 이따이 아프다

회화로 응용하기

い형용사의 부정표현을 익혀 보세요.

春休(はるやす)みは 長(なが)いですか。
하루야스미와 나가이데스까
봄방학은 길어요?

いいえ、長(なが)くないです。
이-에 나가쿠나이데스
아니요, 길지 않아요.

1 春休(はるやす)み [하루 야스미] 봄방학 / 長(なが)い [나가이] 길다
2 日本語(にほんご) [니홍-고] 일본어 / 難(むずか)しい [무즈카시-] 어렵다
3 病院(びょういん) [뵤-잉-] 병원 / 近(ちか)い [치카이] 가깝다

문제로 확인해 보기

1 머리는 별로 안 아파요. ▶ ____________________

2 오늘 날씨는 좋지 않아요. ▶ ____________________

3 시험은 그다지 어렵지 않아요. ▶ ____________________

오늘의 10분 끝!

오늘의 10분 시작!

14 새 휴대폰이에요.

い형용사로 명사 수식하기

초간단 개념 잡기

14-1

い형용사로 명사를 수식할 때는 기본형 그대로 명사 앞에 붙여요.

あたらしいケータイ　새 휴대폰

新(あたら)しい　ケータイです。

아따라시-　케-따이데스

새　휴대폰이에요.

입에서 바로 나오는 문장 말하기

14-2

古(ふる)い 時計(とけい)です。　낡은 시계예요.

후루이　토께-데스

カッコいい ネクタイですね。　멋있는 넥타이네요.

칵-꼬이-　네쿠따이데스네

硬(かた)い パンです。　딱딱한 빵이에요.

카따이　팡-데스

✓ 단어 체크

新(あたら)しい 아따라시- 새, 새로운 / ケータイ 케-따이 휴대폰 / 古(ふる)い 후루이 낡다, 오래되다 / 時計(とけい) 토께- 시계 / カッコいい 칵-꼬이- 멋있다 / ネクタイ 네쿠따이 넥타이 / 硬(かた)い 카따이 딱딱하다 / パン 팡- 빵

회화로 응용하기

14-3

い형용사로 명사를 수식하는 표현을 익혀 보세요.

この シャツは どうですか。
코노 샤쯔와 도-데스까
이 셔츠는 어때요?

カッコいい シャツですね。
칵-꼬이- 샤쯔데스네
멋있는 셔츠네요.

1 シャツ [샤쯔] 셔츠 / カッコいい [칵-꼬이-] 멋있다

2 ケーキ [케-끼] 케이크 / やわらかい [야와라까이] 부드럽다

3 へや [헤야] 방 / 広い(ひろい) [히로이] 넓다

★ 지시어 코・소・아・도를 꼭 기억해 두세요! (30p 참고)
この코노 이~ / その소노 그~ / あの아노 저~ / どの도노 어느~

문제로 확인해 보기

1 새 휴대폰이에요. ▸ ____________________

2 딱딱한 빵이에요. ▸ ____________________

3 멋있는 넥타이군요. ▸ ____________________

오늘의 10분 끝!

오늘의 10분 시작!

15 초콜릿이 달아요.

い형용사로 맛 표현하기

초간단 개념 잡기

15-1

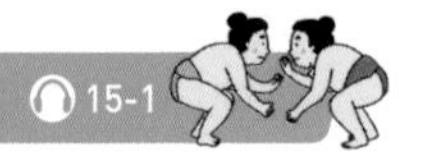

い형용사에는 맛을 나타내는 표현이 많아요. 기본적인 맛 표현을 익혀 볼까요?

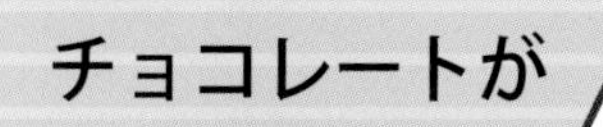

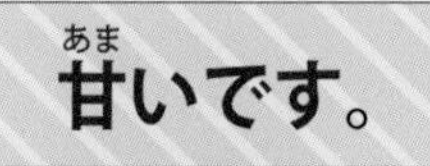

초코레-또가	아마이데스
초콜릿이	달아요.

입에서 바로 나오는 문장 말하기

15-2

わさびが とても 辛(から)いですね。 고추냉이가 엄청 맵네요.
와사비가 토떼모 카라이데스네

コーヒーが にがいですね。 커피가 쓰네요.
코-히-가 니가이데스네

うめぼしは しょっぱいです。 매실장아찌는 짜요.
우메보시와 쇼-빠이데스

✓ 단어 체크

チョコレート 초코레-또 초콜릿 / 甘(あま)い 아마이 달다 / わさび 와사비 고추냉이 / とても 토떼모 무척, 매우 / 辛(から)い 카라이 맵다 / コーヒー 코-히- 커피 / にがい 니가이 쓰다 / うめぼし 우메보시 매실장아찌 / しょっぱい 쇼-빠이 짜다

회화로 응용하기

15-3

い형용사로 맛을 표현해 보세요.

この 柿(かき)は どうですか。
코노 카끼와 도-데스까
이 감은 어때요?

とても しぶい ですね。
토떼모 시부이데스네
매우 떫네요.

1	柿(かき) [카끼] 감 / しぶい [시부이] 떫다
2	ゴーヤ [고-야] 여주 / にがい [니가이] 쓰다
3	みかん [미깡-] 귤 / すっぱい [습-빠이] 시다

문제로 확인해 보기

1 이 귤은 시네요. ▸ ____________________

2 커피가 쓰네요. ▸ ____________________

3 매실장아찌는 짜요. ▸ ____________________

오늘의 10분 끝!

Day 11-15 Review

1/ 빈칸에 들어갈 알맞은 단어를 **보기**에서 찾아 쓰세요.

보기 ひろい / おもしろい / いたい / かわいい

1. ねこは ______ です。 고양이는 귀여워요.
2. 彼(かれ)は ______ です。 그는 재미있어요.
3. へやが ______ です。 방이 넓어요.
4. 頭(あたま)が ______ です。 머리가 아파요.

2/ 그림과 어울리는 형용사를 **보기**에서 찾아 쓰세요.

보기 すずしい / あたたかい / さむい / あつい

예 あたたかい 春(はる)です。

1. ______ 夏(なつ)です。

2. ______ 秋(あき)です。

3. ______ 冬(ふゆ)です。

3/ 주어진 단어를 적절한 형태로 바꾸어 문장을 완성하세요.

1 [へや / あかるい / 広(ひろ)い] 방이 밝고 넓어요.

▶ ____。

2 [病院(びょういん) / 近(ちか)い] 병원은 가깝지 않아요.

▶ ____。

4/ 그림과 어울리는 표현을 골라 보세요.

예 (a. やわらかい / ⓑ かたい) パンです。

1 (a. あたらしい / b. ふるい) 時計(とけい)です。

2 天気(てんき)が
(a. いいです / b. よくないです)。

3 テストは
(a. むずかしいです / b. むずかしくないです)。

정답

1/ 1 かわいい　2 おもしろい　3 ひろい　4 いたい

2/ 1 あつい　2 すずしい　3 さむい

3/ 1 へやは　あかるくて　広いです　2 病院は　近くないです

4/ 1 a　2 b　3 b

오늘의 10분 시작!

16 교통이 편리해요.

な형용사로 감정, 상태 표현하기

2분 초간단 개념 잡기

「便利(べんり)だ 벤-리다」는 '편리하다'라는 뜻의 な형용사예요.
な형용사는 기본형에서 어미「だ다」를 떼고 '~(ㅂ)니다'라는 뜻의「です데스」를 붙이면 정중한 표현이 돼요. べんりだ 편리하다 ➡ べんりです 편리합니다

交通(こうつう)が

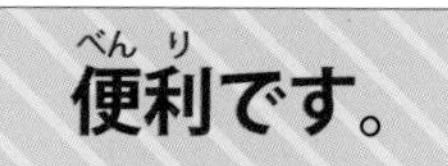

코-쯔-가
교통이

벤-리데스
편리해요.

입에서 바로 나오는 문장 말하기

のりかえが 不便(ふべん)です。 환승이 불편해요
노리까에가 후벤-데스

私(わたし)の へやは きれいです。 내 방은 깨끗해요.
와따시노 헤야와 키레-데스

レシピが 簡単(かんたん)です。 레시피가 간단해요.
레시피가 칸-딴-데스

✓ 단어 체크

交通(こうつう) 코-쯔- 교통 / 便利(べんり)だ 벤-리다 편리하다 / のりかえ 노리까에 환승 / 不便(ふべん)だ 후벤-다 불편하다 / きれいだ 키레-다 깨끗하다, 예쁘다 / レシピ 레시피 레시피, 조리법 / 簡単(かんたん)だ 칸-딴-다 간단하다

3분 회화로 응용하기

🎧 16-3

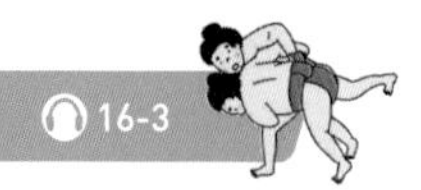

な형용사로 감정과 상태를 표현해 보세요.

家(いえ)は どうですか。
이에와 도-데스까
집은 어때요?

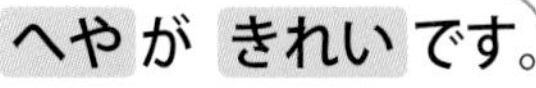

へやが きれいです。
헤야가 키레-데스
방이 깨끗해요.

1 家(いえ) [이에] 집 / へや [헤야] 방 / きれいだ [키레-다] 깨끗하다

2 駅(えき) [에끼] 역 / のりかえ [노리까에] 환승 / 便利(べんり)だ [벤-리다] 편리하다

3 この 料理(りょうり) [코노 료-리] 이 요리 / レシピ [레시피] 레시피 / 簡単(かんたん)だ [칸-딴-다] 간단하다

3분 문제로 확인해 보기

1 교통이 편리해요. ▶ ______________________

2 내 방은 깨끗해요. ▶ ______________________

3 레시피가 간단해요. ▶ ______________________

오늘의 10분 끝!

오늘의 10분 시작!

17 그는 잘생기고 성실해요.

な형용사로 이어 말하기

2분 초간단 개념 잡기

🎧 17-1

な형용사의 기본형에서 어미「だ다」를「で데」로 바꾸면 '~하고(해서)'라는 연결의 의미가 돼요. ハンサムだ 잘생기다 ➡ ハンサムで 잘생기고, 잘생겨서

彼(かれ)は

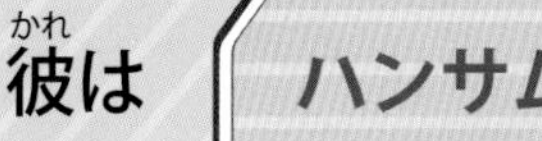

ハンサムで

まじめです。

彼は	ハンサムで	まじめです。
카레와	한-사무데	마지메데스
그는	잘생기고	성실해요.

2분 입에서 바로 나오는 문장 말하기

彼女(かのじょ)は 親切(しんせつ)で すてきです。
카노죠와 신-세쯔데 스테끼데스
그녀는 친절하고 멋져요.

ソウルは にぎやかで 楽(たの)しいです。
소-루와 니기야까데 타노시-데스
서울은 번화하고 즐거워요.

この 町(まち)は 安全(あんぜん)で しずかです。
코노 마찌와 안-젠-데 시즈까데스
이 마을은 안전하고 조용해요.

✓ 단어 체크

彼(かれ) 카레 그 / ハンサムだ 한-사무다 잘생기다 / まじめだ 마지메다 성실하다 / 親切(しんせつ)だ 신-세쯔다 친절하다 / すてきだ 스테끼다 멋지다 / ソウル 소-루 서울 / にぎやかだ 니기야까다 번화하다, 북적이다 / 楽(たの)しい 타노시- 즐겁다 / 町(まち) 마찌 마을 / 安全(あんぜん)だ 안-젠-다 안전하다 / しずかだ 시즈까다 조용하다

회화로 응용하기

17-3

な형용사를 연결해서 말해 보세요.

彼(かれ)は どうですか。
카레와 도-데스까
그는 어때요?

ハンサムで 親切(しんせつ)です。
한-사무데 신-세쯔데스
잘생기고 친절해요.

1 彼(かれ) [카레] 그 / ハンサムだ [한-사무다] 잘생기다 / 親切(しんせつ)だ [신-세쯔다] 친절하다

2 木村(きむら)さん [키무라 상-] 기무라 씨 / まじめだ [마지메다] 성실하다 / きれいだ [키레-다] 예쁘다

3 ニューヨーク [뉴-요-꾸] 뉴욕 / にぎやかだ [니기야까다] 번화하다 / すてきだ [스테끼다] 멋지다

3분 문제로 확인해 보기

1 그녀는 친절하고 멋져요. ▸ ____________________

2 이 마을은 안전하고 조용해요. ▸ ____________________

3 기무라 씨는 성실하고 예뻐요. ▸ ____________________

오늘의 10분 끝!

18 그 가수는 유명하지 않아요.

な형용사로 부정표현하기

초간단 개념 잡기

18-1

な형용사를 정중한 부정문으로 만들 때는 어미「だ다」를 떼고「じゃないです쟈나이데스」를 붙여요. 동일한 표현으로「～じゃありません쟈아리마셍-」이 있어요.

ゆうめいだ 유명하다 ➡ ゆうめいじゃないです 유명하지 않습니다

その歌手(かしゅ)は	有名(ゆうめい)じゃないです。
소노 카슈와	유-메-쟈나이데스
그 가수는	유명하지 않아요.

입에서 바로 나오는 문장 말하기

18-2

英語(えいご)は 得意(とくい)じゃないです。 영어는 잘 못해요.
에-고와 토꾸이쟈나이데스

テストは 簡単(かんたん)じゃないです。 시험은 간단하지 않아요.
테스또와 칸-딴-쟈나이데스

今週末(こんしゅうまつ)は ひまじゃないです。 이번 주말은 한가하지 않아요.
콘-슈-마쯔와 히마쟈나이데스

✓ 단어 체크

有名(ゆうめい)だ 유-메-다 유명하다 / 英語(えいご) 에-고 영어 / 得意(とくい)だ 토꾸이다 잘하다 / 今週末(こんしゅうまつ) 콘-슈-마쯔 이번 주말 / ひまだ 히마다 한가하다

회화로 응용하기

な형용사의 부정 표현을 익혀 보세요.

この店(みせ)は 有名(ゆうめい) ですか。
코노 미세와 유-메-데스까
이 가게는 유명해요?

いいえ、有名(ゆうめい) じゃないです。
이-에 유-메-쟈나이데스
아니요, 유명하지 않아요.

1	この店(みせ) [코노 미세] 이 가게 / 有名(ゆうめい)だ [유-메-다] 유명하다
2	トイレ [토이레] 화장실 / きれいだ [키레-다] 깨끗하다
3	田中(たなか)さん [타나까 상-] 다나카 씨 / まじめだ [마지메다] 성실하다

문제로 확인해 보기

1. 이번 주말은 한가하지 않아요. ▶ ____________________
2. 시험은 간단하지 않아요. ▶ ____________________
3. 다나카 씨는 성실하지 않아요 ▶ ____________________

오늘의 10분 끝!

오늘의 10분 시작!

19 조용한 공원이에요.

な형용사로 명사 수식하기

2분 초간단 개념 잡기

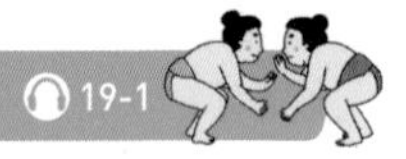

19-1

な형용사로 명사를 수식할 때는 어미 「だ다」를 「な나」로 바꿔 명사 앞에 붙여요.

しずかだ 조용하다 ➡ しずかな 公園 조용한 공원

しずかな 公園(こうえん)です。

시즈까나 코-엔-데스

조용한 공원이에요.

★ 예외 - 「同(おな)じだ」의 경우, 명사를 수식할 때 な를 생략해요.

예) 同じだ 같다 ➡ 同じ クラス 같은 반

2분 입에서 바로 나오는 문장 말하기

19-2

きらいな 食(た)べ物(もの)です。 싫어하는 음식이에요.

키라이나 타베모노데스

楽(らく)な 仕事(しごと)です。 편한 일이에요.

라꾸나 시고또데스

大切(たいせつ)な 人(ひと)です。 소중한 사람이에요.

타이세쯔나 히또데스

✔ 단어 체크

公園(こうえん) 코-엔- 공원 / きらいだ 키라이다 싫어하다 / 食(た)べ物(もの) 타베모노 음식 / 楽(らく)だ 라꾸다 편하다, 쉽다 / 大切(たいせつ)だ 타이세쯔다 소중하다 / 人(ひと) 히또 사람

회화로 응용하기

な형용사로 명사를 수식하는 표현을 익혀 보세요.

どんな 人(ひと)ですか。
돈-나 히또데스까
어떤 사람이에요?

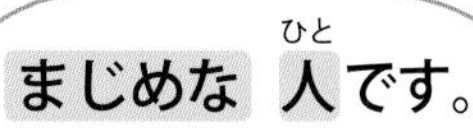

まじめな 人(ひと)です。
마지메나 히또데스
성실한 사람이에요.

★ 「どんな～ですか 돈-나~데스까?」는 '어떤 ~이에요?' 하고 묻는 표현이에요.

1	人(ひと) [히또] 사람 / まじめだ [마지메다] 성실하다
2	仕事(しごと) [시고또] 일 / 簡単(かんたん)だ [칸-딴-다] 간단하다
3	課題(かだい) [카다이] 과제 / 楽(らく)だ [라꾸다] 편하다, 쉽다

문제로 확인해 보기

1 소중한 사람이에요. ▶ ______________________

2 조용한 공원이에요. ▶ ______________________

3 싫어하는 음식이에요. ▶ ______________________

오늘의 10분 끝!

오늘의 10분 시작!

20 여름보다 겨울이 좋아요.

비교해서 좋아하는 것 말하기

2분 초간단 개념 잡기

'~보다 ~가 좋아요' 또는 '~보다 ~를 좋아해요'라고 말할 때는 「～より～の方(ほう)が いいです」 혹은 「～より～の方(ほう)が 好(す)きです」를 써요. 여기서 「～の方(ほう)が」는 생략할 수 있어요.

夏(なつ)より	冬(ふゆ)の方(ほう)が	いいです。
나쯔요리	후유노 호-가	이-데스
여름보다	겨울 (쪽)이	좋아요.

2분 입에서 바로 나오는 문장 말하기

サッカーより 野球(やきゅう)(の方(ほう))が 好(す)きです。
삭-까-요리 야큐-(노호-)가 스끼데스
축구보다 야구를 좋아해요.

紅茶(こうちゃ)より コーヒー(の方(ほう))が いいです。
코-챠요리 코-히-(노호-)가 이-데스
홍차보다 커피가 좋아요.

あれより これ(の方(ほう))が いいです。
아레요리 코레(노호-)가 이-데스
저것보다 이것이 좋아요.

★ これ 이것 / それ 그것 / あれ 저것 / どれ 어느 것

✓ 단어 체크

夏(なつ) 나쯔 여름 / ～より 요리 ~보다 / 冬(ふゆ) 후유 겨울 / ～の方(ほう) 노호- ~쪽, 편 / いい 이- 좋다 / サッカー 삭-까- 축구 / 野球(やきゅう) 야큐- 야구 / 好(す)きだ 스끼다 좋아하다 / 紅茶(こうちゃ) 코-챠 홍차 / コーヒー 코-히- 커피

회화로 응용하기

20-3

무엇보다 무엇이 좋은지 비교해서 말해 보세요.

どちらが いいですか。
도찌라가 이-데스까
어느 쪽이 좋아요?

コーヒー より お茶(ちゃ) の方(ほう)が いいです。
코-히-요리 오챠노 호-가 이-데스
커피보다 차가 좋아요.

「どちらが いいですか 도찌라가 이-데스까」는 '어느 쪽이 좋아요?'라고 묻는 표현이에요.

1 コーヒー [코-히-] 커피 / お茶(ちゃ) [오챠] 차
2 バナナ [바나나] 바나나 / いちご [이찌고] 딸기
3 洋食(ようしょく) [요-쇼꾸] 양식 / 和食(わしょく) [와쇼꾸] 일식

문제로 확인해 보기

1. 축구보다 야구를 좋아해요. ▶ ______________________
2. 여름보다 겨울이 좋아요. ▶ ______________________
3. 저것보다 이것이 좋아요. ▶ ______________________

오늘의 10분 끝!

Day 16-20 Review

1/ 그림과 어울리는 형용사를 보기 에서 찾아 쓰세요.

보기 a.きれいだ　b.しんせつだ　c.べんりだ　d.にぎやかだ

예

1

2

3

2/ 주어진 단어를 적절한 형태로 바꾸어 문장을 완성하세요.

예 [彼(かれ) / ハンサムだ / すてきだ] 그는 잘생기고 멋져요.

▶ 彼(かれ)は　ハンサムで　すてきです。

1 [ユカリさん / しずかだ / まじめだ] 유카리 씨는 조용하고 성실해요.

▶ ________________________________。

2 [この仕事(しごと) / 簡単(かんたん)だ / 楽(らく)だ] 이 일은 간단하고 편해요.

▶ ________________________________。

3 [この町(まち) / きれいだ / 安全(あんぜん)だ] 이 마을은 깨끗하고 안전해요.

▶ ________________________________。

3/ 일본어를 참고하여 무엇을 좋아하는지 골라 보세요.

1. 和食(わしょく)より　洋食(ようしょく)の方(ほう)が　好(す)きです。

2. これより　あれの方(ほう)が　いいです。

3. いちごより　バナナの方(ほう)が　いいです。

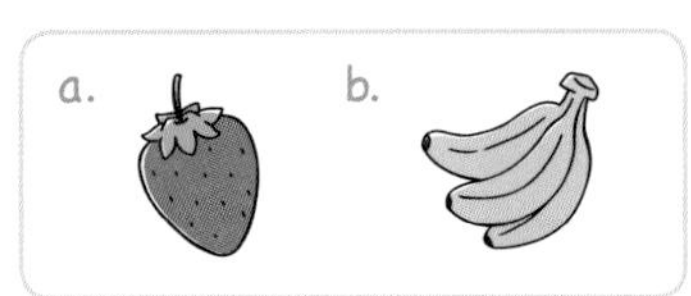

4. 猫(ねこ)より　犬(いぬ)の方(ほう)が　好(す)きです。

4/ 빈칸에 들어갈 말을 히라가나로 적어 보세요.

1. その　俳優(はいゆう)は　有名(ゆうめい)＿＿＿ないです。　그 배우는 유명하지 않아요.
2. 彼女(かのじょ)は　たいせつ＿＿＿人です。　그녀는 소중한 사람이에요.
3. 東京(とうきょう)は　にぎやか＿＿＿すてきです。　도쿄는 번화하고 멋져요.

정답

1/ 1 a　2 c　3 b

2/ 1 ユカリさんは　しずかで　まじめです。
2 この仕事は　簡単で　楽です。　3 この町は　きれいで　安全です。

3/ 1 a　2 b　3 b　4 a

4/ 1 じゃ(では)　2 な　3 で

도쿄의 절반은 바다였다!

도쿄를 제대로 알려면 JR(옛 국철이 민영화된 철도회사) 야마노테센(山手線 やまのてせん)을 타고 한 바퀴 돌아보면 됩니다. 서울의 지하철 2호선처럼 시내 주요 관광지를 거의 다 포함하기 때문이에요.

이 지역의 동쪽은 도쿠가와 이에야스가 에도(江戸えど, 도쿄의 옛 지명)에 막부를 세웠을 당시에는 바다였다고 해요. 원래 육지였던 지반이 탄탄하고 약간 높은 지대인 야마노테(山の手やまのて, '산 방향'이라는 뜻) 지역에는 권력가나 신분이 높은 사람이 살았고, 바다를 메워 생긴 매립지의 낮은 지대 시타마치(下町したまち, '낮은 마을'이라는 뜻) 에는 서민층이나 상인들이 살았다고 해요.

지금은 이 두 지역의 명칭을 지리적인 위치로 구분하기보다 마을의 성격이나 분위기를 보고 구분하죠.

현재 시타마치 지역에는 아사쿠사(浅草あさくさ), 우에노(上野うえの), 야나카(谷中やなか) 등 쇼와(昭和 1926년~1989년)의 복고풍의 분위기가 짙은 관광지가 많고, 야마노테 지역에는 시부야(渋谷しぶや), 신주쿠(新宿しんじゅく) 등 세련되고 현대적인 번화가가 많습니다.

대중교통을 이용해서 가 볼 만한 도쿄의 명소를 몇 군데 소개해 볼까요?

• 롯폰기 (六本木ろっぽんぎ)

태평양 전쟁이 끝난 후, 연합국 총사령부(GHQ)의 시설이 즐비했던 지역인 만큼 이국적인 패션이나 음식점이 가득해요. 서울의 이태원같이 외국인을 상대로 한 번화가가 형성되어 있어요. 롯폰기 힐즈, 도쿄 미드타운 등은 도쿄의 명소로 주목을 받고 있어요. 도쿄타워도 미드타운에서 도보 10분 거리에 위치해 있어요. (도쿄메트로 롯폰기 역 하차)

• 긴자 (銀座 ぎんざ)

긴자 일대는 원래 바닷물이 드나들던 곳이었어요. 에도 시대에 은화를 주조하던 곳이었죠. 서울의 명동과 비견될 정도로 백화점과 고급스러운 명품 매장이 즐비해요.

일찍이 상인들이 자리를 잡았으며 서양 문물을 받아들인 요코하마와 신바시를 연결하는 철도가 개통된 후 최첨단 유행의 중심지가 되었어요.

(도쿄메트로 긴자 역 하차)

• 오다이바 (お台場 おだいば)

후지티비, 자유의 여신상 등으로 유명한 오다이바는 에도 시대 말기에 몰려드는 서양 세력의 침입에 대비하여 포대를 설치하기 위해 만든 인공섬이었어요. 실제로 사용된 적은 없지만 아직도 포대의 흔적이 남아 있어요. 1970년대 이후 도쿄 시내 밀집화의 부작용을 해소하기 위해 적극적으로 개발하면서 지금은 일본의 대표적인 관광지가 되었어요. (유리카모메선 다이바 역 하차)

PART 03

나 이렇게 지내!

일상생활 표현하기

오늘의 10분 시작!

21 오빠가 있어요.

います로 (사람・동물의) 존재 표현하기

초간단 개념 잡기

21-1

'(사람 또는 동물이) 있다'라고 할 때, 동사「いる이루」를 써요.
いる의 정중한 표현은「います이마스」입니다.

います。

아니가	이마스
오빠(형)가	있어요.

입에서 바로 나오는 문장 말하기

妹(いもうと)が います。 — 여동생이 있어요.
이모-또가 이마스

ねこが います。 — 고양이가 있어요.
네코가 이마스

友(とも)だちが います。 — 친구가 있어요.
토모다찌가 이마스

✓ 단어 체크

兄(あに) 아니 오빠(형) / ～が 가 ~이, 가 / いる 이루 있다 / 妹(いもうと) 이모-또 여동생 / ねこ 네코 고양이 / 友(とも)だち 토모다찌 친구

회화로 응용하기

누가 또는 무엇이 있는지 말해 보세요.

*「~が いますか ~가 이마스까」는 '~이/가 있습니까?'라고 묻는 표현이에요.

1 兄弟(きょうだい) [교-다이] 형제

2 ペット [펫-또] 애완동물, 반려동물

3 子(こ)ども [코도모] 아이, 자녀

문제로 확인해 보기

1 오빠(형)가 있어요. ▶ ______________________

2 아이가 있어요. ▶ ______________________

3 친구가 있어요. ▶ ______________________

오늘의 10분 끝!

오늘의 10분 시작!

22 남자 친구는 없어요.

いませんで로 (사람・동물의) 존재 부정하기

초간단 개념 잡기

22-1

'(사람 또는 동물이) 없습니다, 없어요'라고 할 때는「いません이마셍-」을 써요.

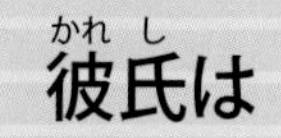

彼氏(かれし)は	いません。
카레시와	이마셍-
남자 친구는	없어요.

입에서 바로 나오는 문장 말하기

22-2

彼女(かのじょ)は いません。 여자 친구는 없어요.
카노죠와 이마셍-

* 彼女는 '여자 친구'라는 의미도 있어요.

犬(いぬ)は いません。 개는 없어요.
이누와 이마셍-

後輩(こうはい)は いません。 후배는 없어요.
코-하이와 이마셍-

✓ 단어 체크

彼氏(かれし) 카레시 남자 친구 / ~は 와 ~은, 는 / 彼女(かのじょ) 카노죠 그녀, 여자 친구 / 犬(いぬ) 이누 개 / 後輩(こうはい) 코-하이 후배

회화로 응용하기

22-3

누가 또는 무엇이 없는지 말해 보세요.

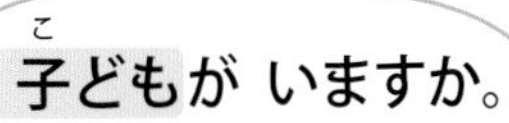

子(こ)どもが いますか。
코도모가 이마스까
아이가 있어요?

いいえ、いません。
이-에 이마셍-
아니요. 없어요.

1 子(こ)ども [코도모] 아이, 자녀
2 先輩(せんぱい) [센-빠이] 선배
3 ペット [펫-또] 애완동물

3분 문제로 확인해 보기

1 남자 친구는 없어요. ▶ ____________________

2 개는 없어요. ▶ ____________________

3 아이는 없습니다. ▶ ____________________

오늘의 10분 끝!

오늘의 10분 시작!

23 회사는 강남에 있어요.

あります로 (사물・식물의) 존재 표현하기

초간단 개념 잡기

23-1

'(사물 또는 식물이) 있다'라고 할 때, 동사「ある아루」를 써요.
ある의 정중한 표현은「あります아리마스」예요.

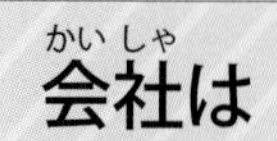

会社(かいしゃ)は	カンナムに	あります。
카이샤와	캉-나무니	아리마스
회사는	강남에	있어요.

입에서 바로 나오는 문장 말하기

23-2

学校(がっこう)は ソウルに あります。
각-꼬-와 소-루니 아리마스
학교는 서울에 있어요.

サクラの木(き)は 庭(にわ)に あります。
사쿠라노 키와 니와니 아리마스
벚나무는 정원에 있어요.

ケータイは テーブルの上(うえ)に あります。
케-따이와 테-브루노 우에니 아리마스
휴대폰은 테이블 위에 있어요.

✓ 단어 체크

カンナム 캉-나무 강남 / ～に 니 ~에(장소, 위치) / 学校(がっこう) 각-꼬- 학교 / サクラの木(き) 사쿠라노키 벚나무, 벚꽃나무 / 庭(にわ) 니와 정원 / テーブル 테-부루 테이블 / ～上(うえ)に 우에니 ~위에

회화로 응용하기

23-3

회사가 어디에 있는지 묻고 대답해 보세요.

かいしゃ
会社は どこに ありますか。
카이샤와 도꼬니 아리마스까

회사는 어디에 있어요?

ぷさん

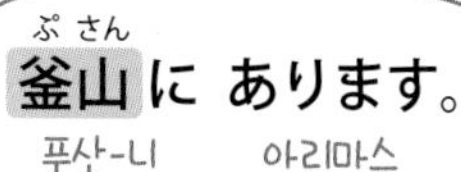

釜山に あります。
푸산-니 아리마스

부산에 있어요.

「どこに ありますか 도꼬니 아리마스까」는 '(사물, 식물이) 어디에 있습니까?' 라고 묻는 표현이에요.

1	釜山(ぷさん) [푸산-] 부산
2	ニューヨーク [뉴-요-꾸] 뉴욕
3	大阪(おおさか) [오-사까] 오사카

문제로 확인해 보기

1. 회사는 오사카에 있어요. ▸ ______________________
2. 학교는 서울에 있어요. ▸ ______________________
3. 휴대폰은 테이블 위에 있어요. ▸ ______________________

오늘의 10분 끝!

오늘의 10분 시작!

24 운전면허가 없어요.

ありません으로 (사물・식물의) 존재 부정하기

2분 초간단 개념 잡기

24-1

'(사물 또는 식물이) 없습니다'라고 할 때는「ありません아리마셍-」을 써요.

運転免許(うんてんめんきょ)が	ありません。
운-뗀-멩-꾜가	아리마셍-
운전면허가	없어요.

2분 입에서 바로 나오는 문장 말하기

車(くるま)が ありません。 — 차가 없어요.
쿠루마가 아리마셍-

トイレットペーパーが ありません。 — 화장실 휴지가 없어요.
토이렛-또 뻬-빠-가 아리마셍-

お金(かね)が ありません。 — 돈이 없어요.
오까네가 아리마셍-

✓ 단어 체크

運転免許(うんてんめんきょ) 운-뗀-멩-꾜 운전면허 / 車(くるま) 쿠루마 차, 자동차 / トイレットペーパー 토이렛-또 뻬-빠- 화장실 휴지 / お金(かね) 오까네 돈

회화로 응용하기

24-3

무엇이 있는지 묻고 대답해 보세요.

じてんしゃ
自転車が ありますか。
지뗀-샤가 아리마스까
자전거가 있어요?

いいえ、ありません。
이-에 아리마셍-
아니요. 없어요.

1 自転車(じてんしゃ) [지뗀-샤] 자전거

2 バイク [바이크] 오토바이

3 エアコン [에아콘-] 에어컨

3분 문제로 확인해 보기

1 돈이 없어요. ▸ ______________________

2 자동차가 없어요. ▸ ______________________

3 운전면허가 없어요. ▸ ______________________

오늘의 10분 끝!

오늘의 10분 시작!

25 운동을 해요.

3그룹 동사의 정중한 표현

초간단 개념 잡기

25-1

「する스루」는 '하다'라는 뜻의 3그룹 동사예요. (동사 분류 35p)
3그룹 동사는 불규칙하게 변화하므로 형태를 그대로 기억해 두세요.

する 하다 ➡ します 합니다　くる 오다 ➡ きます 옵니다

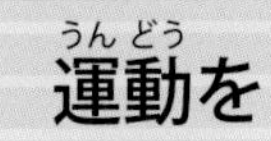

運動(うんどう)を　します。

운-도-오　시마스

운동을　해요.

입에서 바로 나오는 문장 말하기

25-2

あいさつを します。　인사를 해요.
아이사쯔오　시마스

掃除(そうじ)を します。　청소를 해요.
소-지오　시마스

韓国(かんこく)に きます。　한국에 와요.
캉-꼬꾸니　키마스

✓ 단어 체크

運動(うんどう) 운-도- 운동 / ～を 오 ~을, 를 / する 스루 하다 / あいさつ 아이사쯔 인사 / 掃除(そうじ) 소-지 청소 / ～に 니 ~에 / くる 쿠루 오다

회화로 응용하기

25-3

무엇을 하는지, 또는 할 것인지 말해 보세요.

なに
何を しますか。
나니오 시마스까

무엇을 해요?

べんきょう
勉強を します。
벵-꼬-오 시마스

공부를 해요.

「なにを しますか 나니오 시마스까」는 '무엇을 합니까?', '무엇을 할 겁니까?' 라고 묻는 표현이에요.

1	べんきょう 勉強 [벵-꼬-] 공부
2	でんわ 電話 [뎅-와] 전화
3	しょくじ 食事 [쇼꾸지] 식사

문제로 확인해 보기

1 인사를 해요. ▸ ______________________

2 한국에 와요. ▸ ______________________

3 청소를 해요. ▸ ______________________

오늘의 10분 끝!

Day 21-25 Review

1 그림을 보고 알맞은 말을 고르세요.

예 人(ひと)が (ⓐ います / b. あります / c. いません / d. ありません)

❶ ねこが (a. います / b. あります / c. いません / d. ありません)

❷ 犬(いぬ)が (a. います / b. あります / c. いません / d. ありません)

❸ 自転車(じてんしゃ)が (a. います / b. あります / c. いません / d. ありません)

❹ 車(くるま)が (a. います / b. あります / c. いません / d. ありません)

❺ 木(き)が (a. います / b. あります / c. いません / d. ありません)

2 빈칸에 들어갈 알맞은 조사를 보기에서 찾아 쓰세요.

보기 が / は / を / に

❶ 妹(いもうと) ☐ います。 여동생이 있어요.

❷ お客様(きゃくさま) ☐ いません。 손님은 없어요.

❸ 学校(がっこう) ☐ ソウル ☐ あります。 학교는 서울에 있어요.

❹ 食事(しょくじ) ☐ します。 식사를 해요.

3/ 한국어를 참고하여 빈칸에 알맞은 동사를 넣어 보세요.

1. ペットは [　　　　]。　애완동물은 없어요.
2. 会社(かいしゃ)は　カンナムに [　　　　]。　회사는 강남에 있어요.
3. 子(こ)どもが [　　　　]。　아이가 있어요.
4. トイレットペーパーが [　　　　]。　화장실 휴지가 없어요.

4/ 그림을 보고 빈칸에 알맞은 히라가나를 써 보세요.

1.

あ[　]さ[　]を　する。

2.

そ[　][　]を　する。

3.

[　][　]わを　する。

4.

べん[　][　]を　する。

정답

1/ 1 a　2 c　3 b　4 d　5 b
2/ 1 が　2 は　3 は / に　4 を
3/ 1 いません　2 あります　3 います　4 ありません
4/ 1 い / つ　2 う / じ　3 で / ん　4 きょ / う

오늘의 10분 시작!

26 아침 일찍 일어나요.

2그룹 동사의 정중한 표현

초간단 개념 잡기

26-1

「おきる오끼루」는 '일어나다'라는 뜻의 2그룹 동사예요. (동사 분류 34p)
2그룹 동사는 어미「る루」를 떼고 '~ㅂ니다/습니다'라는 뜻의「ます마스」를 붙이면 정중한 표현이 돼요. おきる 일어나다 ➡ おきます 일어납니다

다양한 2그룹 동사로 연습해 봅시다.

朝(あさ)はやく おきます。

아사 하야꾸 / 아침 일찍

오끼마스 / 일어나요.

입에서 바로 나오는 문장 말하기

朝(あさ)ごはんを 食(た)べます。 — 아침밥을 먹어요.
아사고항-오 타베마스

映画(えいが)を 見(み)ます。 — 영화를 봐요.
에-가오 미마스

夜(よる)おそく 寝(ね)ます。 — 밤 늦게 자요.
요루오소꾸 네마스

✓ 단어 체크

朝早(あさはや)く 아사 하야꾸 아침 일찍 / 朝(あさ)ごはん 아사고항- 아침밥 / 食(た)べる 타베루 먹다 / 映画(えいが) 에-가 영화 / 見(み)る 미루 보다 / 夜(よる)おそく 요루 오소꾸 밤 늦게 / 寝(ね)る 네루 자다

회화로 응용하기

26-3

무엇을 하는지, 또는 할 것인지 말해 보세요.

何を しますか。
나니오 시마스까
무엇을 합니까?

テレビを 見ます。
테레비오 미마스
TV를 봐요.

1 テレビ [테레비] TV / 見る [미루] 보다

2 昼ごはん [히루고항-] 점심밥 / 食べる [타베루] 먹다

3 プレゼント [프레젠-또] 선물 / あげる [아게루] 주다

문제로 확인해 보기

1 아침밥을 먹어요. ▸ ______________________

2 TV를 봐요. ▸ ______________________

3 밤 늦게 자요. ▸ ______________________

오늘의 10분 끝!

오늘의 10분 시작!

27 책을 읽어요.

1그룹 동사의 정중한 표현

초간단 개념 잡기

27-1

「読む요무」는 '읽다'라는 뜻의 1그룹 동사예요. (동사 분류 34p)
1그룹 동사는 어미 'う우단'을 'い이단'으로 바꾸고 '~ㅂ(습)니다'라는 뜻의 「ます마스」를 붙이면 정중한 표현이 돼요. よむ 읽다 ➡ よみます 읽습니다

다양한 1그룹 동사로 연습해 봅시다.

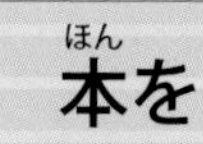

本を	読みます。
홍-오	요미마스
책을	읽어요.

입에서 바로 나오는 문장 말하기

コーヒーを 飲みます。 커피를 마셔요.
코-히-오 노미마스

日本に 行きます。 일본에 가요.
니혼-니 이끼마스

手を 洗います。 손을 씻어요.
테오 아라이마스

✓ 단어 체크

本 홍- 책 / コーヒー 코-히 커피 / 飲む 노무 마시다 / 行く 이꾸 가다 / 手 테 손 / 洗う 아라우 씻다

회화로 응용하기

27-3

무엇을 하는지, 또는 할 것인지 말해 보세요.

何(なに)を しますか。
나니오 시마스까
무엇을 합니까?

ケータイ を 買(か)い ます。
케-따이오 카이마스
휴대폰을 사요.

1 ケータイ [케-따이] 휴대폰 / 買(か)う [카우] 사다

2 ケーキ [케-끼] 케이크 / 作(つく)る [쯔꾸루] 만들다

3 メール [메-루] 메일 / 書(か)く [카꾸] 쓰다

문제로 확인해 보기

1 메일을 써요. ▸ ______________________

2 일본에 가요. ▸ ______________________

3 손을 씻어요. ▸ ______________________

오늘의 10분 끝!

오늘의 10분 시작!

28 다이어트는 하지 않아요.

3그룹 동사의 정중한 부정표현

2분 초간단 개념 잡기

28-1

3그룹 동사의 정중한 부정표현은 그냥 형태를 그대로 기억해 두세요.

する 하다 ➡ しません 하지 않습니다　くる 오다 ➡ きません 오지 않습니다

ダイエットは	しません。
다이엣-또와	시마셍-
다이어트는	하지 않아요.

2분 입에서 바로 나오는 문장 말하기

28-2

合(ごう)コンは しません。 미팅은 안 해요.
고-꼰-와 시마셍-

運動(うんどう)は しません。 운동은 안 해요.
운-도-와 시마셍-

お客(きゃく)さまは きません。 손님은 안 와요.
오캭-사마와 키마셍-

★ く 뒤에 さ행이 오면 ㄱ받침으로 읽어요.

✓ 단어 체크

ダイエット 다이엣-또 다이어트 / 合(ごう)コン 고-꼰- (남녀) 미팅 / 運動(うんどう) 운-도- 운동 / お客(きゃく)さま 오캭-사마 손님

회화로 응용하기

28-3

무엇을 하지 않는지 말해 보세요.

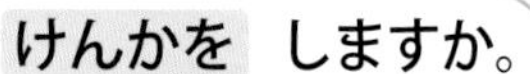

케-까오 시마스까

싸움을 해요?

いいえ、けんかは しません。

이-에 켕-까와 시마셍-

아니오, 싸움은 하지 않아요.

문제로 확인해 보기

1. 운동은 안 해요. ▶ ______________________
2. 손님은 안 와요. ▶ ______________________
3. 싸움은 하지 않아요. ▶ ______________________

오늘의 10분 끝!

오늘의 10분 시작!

29 TV를 보지 않아요.

2그룹 동사의 정중한 부정표현

초간단 개념 잡기

「見(み)る미루」는 '보다'라는 뜻의 2그룹 동사예요. (동사 분류 34p)
2그룹 동사는 어미 「る」를 떼고 '~지 않습니다'라는 뜻의 「ません마셍-」을 붙이면 정중한 부정표현이 돼요. みる 보다 ➡ みません 보지 않습니다

다양한 2그룹 동사로 연습해 봅시다.

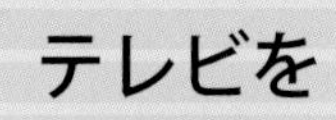

테레비오	미마셍-
TV를	보지 않아요.

입에서 바로 나오는 문장 말하기

デザートを 食(た)べません。
데자-또오 타베마셍-
디저트를 먹지 않아요.

ごみを 捨(す)てません。
고미오 스떼마셍-
쓰레기를 버리지 않아요.

電話番号(でんわばんごう)を 教(おし)えません。
뎅-와방-고-오 오시에마셍-
전화번호를 가르쳐 주지 않아요.

✓ 단어 체크

テレビ 테레비 텔레비전 / デザート 데자-또 디저트 / ごみ 고미 쓰레기 / 捨(す)てる 스떼루 버리다 / 電話番号(でんわばんごう) 뎅-와방-고- 전화번호 / 教(おし)える 오시에루 가르치다

회화로 응용하기

29-3

무엇을 하지 않는지 말해 보세요.

豚肉(ぶたにく)を 食(た)べますか。
부타니꾸오 타베마스까
돼지고기를 먹어요?

いいえ、豚肉(ぶたにく)は 食(た)べません。
이-에 부타니꾸와 타베마셍-
아니요, 돼지고기는 먹지 않아요.

1 豚肉(ぶたにく) [부타니꾸] 돼지고기 / 食(た)べる [타베루] 먹다
2 コート [코-또] 코트 / 着(き)る [키루] 입다
3 レシート [레시-또] 영수증 / 捨(す)てる [스떼루] 버리다

문제로 확인해 보기

1 디저트를 먹지 않아요. ▶ ______________________

2 쓰레기를 버리지 않아요. ▶ ______________________

3 영수증은 버리지 않아요. ▶ ______________________

오늘의 10분 끝!

오늘의 10분 시작!

30 토요일은 회사에 가지 않아요.

1그룹 동사의 정중한 부정표현

초간단 개념 잡기

30-1

「行く(いく) 이꾸」는 '가다'라는 뜻의 1그룹 동사예요. (동사 분류 34p)
1그룹 동사는 어미 'う우단'을 'い이단'으로 바꾸고 '~지 않습니다'라는 뜻의「ません마셍-」을 붙이면 정중한 부정표현이 돼요. いく 가다 ➡ いきません 가지 않습니다

다양한 1그룹 동사로 연습해 봅시다.

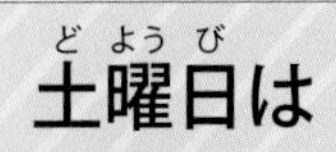

土曜日(どようび)は	会社(かいしゃ)に	行(い)きません。
도요-비와	카이샤니	이끼마셍-
토요일은	회사에	가지 않아요.

입에서 바로 나오는 문장 말하기

30-2

今週(こんしゅう)は 会社(かいしゃ)を 休(やす)みません。
콘-슈-와 카이샤오 야스미마셍-
이번 주는 회사를 쉬지 않아요.

この 家(いえ)は 売(う)りません。
코노 이에와 우리마셍-
이 집은 팔지 않아요.

高(たか)い 車(くるま)は 買(か)いません。
타까이 쿠루마와 카이마셍-
비싼 차는 사지 않아요.

✓ 단어 체크

土曜日(どようび) 도요-비 토요일 / 休(やす)む 야스무 쉬다 / 売(う)る 우루 팔다 / 高(たか)い 타까이 비싸다, 높다 / 車(くるま) 쿠루마 자동차 / 買(か)う 카우 사다

3분 회화로 응용하기

무엇을 하지 않는지 말해 보세요.

学校(がっこう)を 休(やす)みますか。
각-꼬-오 야스미마스까
학교를 쉽니까?

いいえ、休(やす)みません。
이-에 야스미마셍-
아니오, 쉬지 않아요.

1 学校(がっこう) [각-꼬-] 학교 / 休(やす)む [야스무] 쉬다
2 この服(ふく) [코노후꾸] 이 옷 / 売(う)る [우루] 팔다
3 お酒(さけ) [오사께] 술 / 飲(の)む [노무] 마시다

3분 문제로 확인해 보기

1 토요일은 회사에 가지 않아요. ▸ ______________________

2 이 집은 팔지 않아요. ▸ ______________________

3 이번 주는 회사를 쉬지 않아요. ▸ ______________________

오늘의 10분 끝!

Day 26-30 Review

1/ 의미가 통하도록 알맞게 연결하세요.

❶ 映画(えいが)を	•	•	a. 書(か)きます。
❷ 日本(にほん)に	•	•	b. 行(い)きます。
❸ メールを	•	•	c. 見(み)ます。

2/ 그림에 알맞은 동사를 보기 중에서 골라 긍정 또는 부정의 존댓말로 고쳐 보세요.

보기 飲(の)む / 読(よ)む / 食(た)べる / 洗(あら)う

예

手(て)を 洗(あら)います。

❶

ごはんを ________。

❷

お酒(さけ)は ________。

❸

マンガは ________。

3/ 잘못 분류된 동사를 찾아 보세요.

❶ 1그룹	❷ 2그룹	❸ 3그룹
a. つくる 만들다	a. たべる 먹다	a. する 하다
b. はなす 말하다	b. かえる 돌아가다	b. くる 오다
c. おきる 일어나다	c. ねる 자다	c. いく 가다

_______________ _______________ _______________

4/ 동사의 활용 표현을 히라가나로 적어 보세요.

의미	기본형(반말)	정중형(존댓말)	부정형
❶ 하다	する		
❷ 오다		きます	
❸ 보다			みません
❹ 먹다		たべます	
❺ 마시다	のむ		
❻ 읽다			よみません

정답

1/ ❶ c ❷ b ❸ a

2/ ❶ 食べます ❷ 飲みません ❸ 読みません

3/ ❶ c (→ 2그룹) ❷ b (예외 1그룹) ❸ c (→ 1그룹)

4/ ❶ します / しません ❷ くる / きません ❸ みる / みます
❹ たべる / たべません ❺ のみます / のみません ❻ よむ / よみます

한국은 '버블티' 일본은 '타피오카'

대만에서 건너온 버블티(バブルティー)는 한국뿐만 아니라 일본에서도 선풍적인 인기예요. 그러나 일본에서는 버블티라고 하지 않아요. 버블티에는 쫀득쫀득한 식감의 타피오카가 들어가기 때문에 일본에서는 타피오카(タピオカ), 혹은 타피오카 드링크(タピオカドリンク)라고 부르죠. 가장 대표적인 음료는 타피오카 밀크티(タピオカミルクティー)예요.

처음 일본에서 타피오카 붐이 일어난 것은 1990년대예요. 작고 하얀 타피오카를 코코넛 밀크와 함께 먹는 것이 한때 유행을 했었는데, 2010년대 이후 대만의 밀크티 브랜드가 일본에 진출하면서 또 다시 붐이 일어났어요. 인기 매장은 시간대에 상관없이 늘 인산인해를 이루고 있고, 하굣길에 타피오카를 들고 가는 여학생들의 모습도 흔히 볼 수 있게 되었죠.

음료를 들고 사진을 찍어 SNS에 올리는 모습은 한국이나 일본이나 마찬가지인 듯합니다.

• 사회 현상을 반영한 신조어 •

타피오카 붐에 따라 일본의 젊은 여성층을 중심으로 '타피루(タピる)'라는 용어가 유행하고 있어요. 타피오카의 '타피(タピ)'에 '루(る)'를 붙여 '타피오카 음료를 마시다'라는 뜻으로 사용하죠. 그 밖에도 '타피로-(タピろう, 타피오카를 마시자)', '타핏따(タピった, 타피오카를 마셨다)'라는 표현을 쓰기도 합니다.

일본도 한국과 마찬가지로 신조어나 유행어가 많이 생겨나고 있어요.
일본어는 '미루(みる 보다)', '네루(ねる 자다),'타베루(たべる 먹다)'처럼 어미가 '루'로 끝나는 동사가 많아요. 그래서 명사나 가타카나어의 끝에 '루(る)'를 붙여서 신조어를 만드는 경향이 있는데, 일본어의 특성이 반영된 일종의 언어 유희라고 할 수 있죠. 예를 들어 택시(タクシー)를 타는 것을 타쿠루(タクる), 구글을 검색하는 것(인터넷으로 검색하는 것)을 구구루(ググる)라고 해요.
또, 상대방을 부정(디스)하거나 무례하게 대하는 것을 디스루(ディスる)라고 하죠. 이런 단어들은 주로 젊은이들 사이에 사용되는데, 일반적으로 정착된 단어도 있어요.
대표적인 단어가 사보루(サボる)예요. '게으름 피우다, 땡땡이치다'라는 뜻으로 많이들 알고 있는데, 본래 '노동 쟁의 중 하나인 태업, 즉 의도적으로 일을 게을리 하여 고용주에게 손해를 끼치는 행위'를 뜻하는 '사보타주(サボタージュ, sabotage)'에서 유래했어요.

이처럼 유행어가 일상생활 용어로 정착이 된 경우도 있지만, 유행이 식으면서 언어도 함께 사라지는 경우도 있어요. 타피오카 붐이 식으면 '타피루'라는 말도 사라질지도 모르지만, '~루(る)'를 붙이는 언어 유희는 사라지지 않겠죠.

PART 04

같이 수다 떨래?

대화 확장하기

오늘의 10분 시작!

31 식사할까요?

3그룹 동사로 청유형 만들기

초간단 개념 잡기

동사에 「ましょうか마쇼-까」를 붙이면 '~ㄹ까요?'라는 뜻의 청유형이 돼요. 3그룹 동사는 불규칙하게 변화하므로 형태를 그대로 기억해 두세요.

する 하다 ➡ しましょうか 할까요? くる 오다 ➡ きましょうか 올까요?

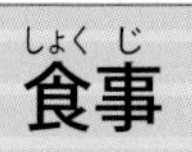

食事(しょくじ) しましょうか。

쇼꾸지 시마쇼-까

식사 할까요?

유사 표현: 食事(しょくじ)しませんか。 쇼꾸지 시마셍-까 식사하지 않을래요?

입에서 바로 나오는 문장 말하기

散歩(さんぽ)しましょうか。 산책할까요?

삼-뽀 시마쇼-까

いっしょに 勉強(べんきょう)しましょうか。 같이 공부할까요?

잇-쇼니 뱅-꾜- 시마쇼-까

デートしましょうか。 데이트할까요?

데-또 시마쇼-까

✓ 단어 체크

いっしょに 잇-쇼니 같이 / デート 데-또 데이트

회화로 응용하기

31-3

3그룹 동사로 제안하는 표현을 연습해 보세요.

注文(ちゅうもん)しましょうか。
츄-몬- 시마쇼-까
주문할까요?

はい、注文(ちゅうもん)しましょう。
하이 츄-몬-시마쇼-
네, 주문합시다.

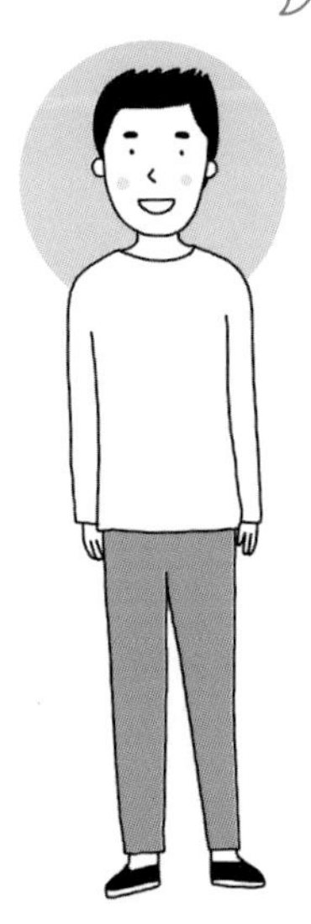

✱ 「~ましょう ~마쇼-」는 '~합시다'라고 제안을 하거나 의지를 나타내는 표현이에요.

1	注文(ちゅうもん)	[츄-몬-] 주문
2	運動(うんどう)	[운-도-] 운동
3	ドライブ	[도라이브] 드라이브

문제로 확인해 보기

1 같이 공부할까요? ▸ ____________________

2 드라이브할까요? ▸ ____________________

3 식사할까요? ▸ ____________________

오늘의 10분 끝!

32 영화 볼까요?

2그룹 동사로 청유형 만들기

초간단 개념 잡기

32-1

2그룹 동사는 어미「る」를 떼고「ましょうか마쇼-까」를 붙이면 '~ㄹ까요?'라고 제안하는 표현이 돼요.

みる 보다 ➡ みましょうか 볼까요?

★ 유사 표현: 見(み)ませんか。미마셍-까 보지 않을래요?

다양한 2그룹 동사로 연습해 봅시다.

조사「を오」는 생략 가능해요.

映画(えいが)(を) 見(み)ましょうか。

에-가(오) 영화(를)

미마쇼-까 볼까요?

입에서 바로 나오는 문장 말하기

32-2

ランチを 食(た)べましょうか。 런치를 먹을까요?

란-치오 타베마쇼-까

カフェを 出(で)ましょうか。 카페를 나갈까요?

카훼오 데마쇼-까

電話(でんわ)を かけましょうか。 전화를 걸까요?

뎅-와오 카께마쇼-까

✓ 단어 체크

ランチ 란-치 런치(가벼운 점심식사) / カフェ 카훼 카페 / 出(で)る 데루 나가다, 출발하다 / 電話(でんわ) 뎅-와 전화 / かける 카께루 걸다

회화로 응용하기

32-3

2그룹 동사로 제안하는 표현을 연습해 보세요.

電気(でんき)を つけましょうか。
덩-끼오 츠께마쇼-까
(전깃)불을 켤까요?

はい、そうしましょう。
하이 소-시마쇼-
네, 그렇게 합시다.

1	電気(でんき) [뎅-끼] (전깃)불 / つける [츠께루] 켜다
2	パスタ [파스타] 파스타 / 食(た)べる [타베루] 먹다
3	会議(かいぎ) [카이기] 회의 / 続(つづ)ける [츠즈께루] 계속하다

「そうしましょう 소-시마쇼」는 '그렇게 합시다'라고 동의하는 표현이에요.

문제로 확인해 보기

1 영화를 볼까요? ▶ ____________________

2 회의를 계속할까요? ▶ ____________________

3 런치를 먹을까요? ▶ ____________________

오늘의 10분 끝!

오늘의 10분 시작!

33 슬슬 돌아갈까요?

1그룹 동사로 청유형 만들기

초간단 개념 잡기

33-1

1그룹 동사는 어미 'う우'단을 'い이'단으로 바꾸고 「ましょうか마쇼-까」를 붙이면 '~ㄹ까요?'라고 제안하는 표현이 돼요. よむ 읽다 ➡ よみましょうか 읽을까요?

そろそろ　帰(かえ)りましょうか。

そろそろ	帰(かえ)りましょうか。
소로소로	카에리마쇼-까
슬슬	돌아갈까요?

★ 帰(かえ)る[카에루]는 'る루'로 끝나면서 앞에 'え에'단이 오기 때문에 형태는 2그룹 동사이지만, 예외적으로 1그룹 동사에 속해요. かえる ➡ かえりましょうか

입에서 바로 나오는 문장 말하기

33-2

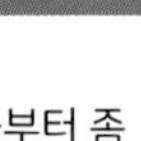

これから　ちょっと　休(やす)みましょうか。
코레까라　촛-또　야스미마쇼-까
지금부터 좀 쉴까요?

ここで　彼(かれ)を　待(ま)ちましょうか。
코꼬데　카레오　마찌마쇼-까
여기서 그를 기다릴까요?

中(なか)に　入(はい)りましょうか。
나까니　하이리마쇼-까
안에 들어갈까요?

入(はい)る: 들어가다 • 들어오다(예외 1그룹)

✓ 단어 체크

そろそろ 소로소로 슬슬 / 帰(かえ)る 카에루 돌아가(오)다 / これから 코레까라 지금(이제)부터 / ちょっと 촛-또 좀, 조금 / 休(やす)む 야스무 쉬다 / ここで 코꼬데 여기서 / 待(ま)つ 마쯔 기다리다 / 中(なか)に 나까니 안에

회화로 응용하기

1그룹 동사로 제안하는 표현을 연습해 보세요.

お茶(ちゃ)を 飲(の)みましょうか。
오챠오 노미마쇼-까
차를 마실까요?

はい、そうしましょう。
하이 소-시마쇼-
네, 그렇게 합시다.

1 お茶(ちゃ)を 飲(の)む [오챠오 노무] 차를 마시다
2 家(いえ)に 帰(かえ)る [이에니 카에루] 집에 돌아가다
3 電話(でんわ)で 話(はな)す [뎅-와데 하나스] 전화로 이야기하다

～で [데] ~(으)로(수단을 나타내는 조사)

문제로 확인해 보기

1 지금부터 좀 쉴까요? ▶ ____________________

2 전화로 이야기할까요? ▶ ____________________

3 슬슬 돌아갈까요? ▶ ____________________

오늘의 10분 끝!

34 아이스커피 주세요.

くださ い로 무엇인가 달라고 요청하기

초간단 개념 잡기

34-1

「～ください쿠다사이」는 '~주세요'라는 뜻으로 무엇인가 달라고 요청할 때 쓰는 표현이에요.

조사 「を오」는 생략 가능해요.

アイスコーヒー(を)	ください。
아이스코-히-(오)	쿠다사이
아이스커피(를)	주세요.

입에서 바로 나오는 문장 말하기

34-2

メニュー ください。 메뉴(판) 주세요.
메뉴- 쿠다사이

レシート ください。 영수증 주세요.
레시-또 쿠다사이

生(なま)ビール ください。 생맥주 주세요.
나마비-루 쿠다사이

✓ 단어 체크

アイスコーヒー 아이스코-히- 아이스커피 / メニュー 메뉴- 메뉴(판) / レシート 레시-또 영수증 / 生(なま)ビール 나마비-루 생맥주

3분 회화로 응용하기

34-3

요청이나 부탁하는 표현을 익혀 보세요.

みず
水ください。
미즈 쿠다사이
(찬)물 주세요

はい、どうぞ。
하이 도-조
네, 여기 있어요.

1	水(みず) [미즈] (찬)물
2	ひがわり定食(ていしょく) [히가와리 테-쇼꾸] 오늘의 정식
3	コーヒー [코-히-] 커피

「はい、どうぞ 하이, 도-조」는 부탁 받은 것을 손님에게 제공할 때 많이 써요.

3분 문제로 확인해 보기

1. 영수증 주세요. ▶ ________________
2. (찬)물 주세요. ▶ ________________
3. 아이스커피 주세요. ▶ ________________

오늘의 10분 끝!

35 택시를 타요.

~に乗る로 교통수단 말하기

초간단 개념 잡기

「~に乗(の)る~니 노루」는 '~을/를 타다'라는 뜻이에요. 한국어로는 '~을/를'의 조사를 쓰지만 일본어로는 조사「を오」가 아니라「に니」를 쓴다는 점 꼭 기억해 두세요.
「乗(の)る노루」는 1그룹 동사로 존댓말인 ~ます 형태로 바꾸면「乗(の)ります노리마스」가 돼요.
のる 타다 ➡ のります 탑니다

タクシーに

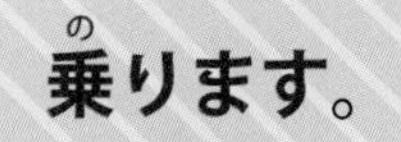

탁-시-니	노리마스
택시를	타요.

입에서 바로 나오는 문장 말하기

35-2

飛行機(ひこうき)に 乗(の)ります。 비행기를 타요.
히꼬-끼니 노리마스

バスに 乗(の)ります。 버스를 타요.
바스니 노리마스

電車(でんしゃ)に 乗(の)ります。 전철을 타요.
덴-샤니 노리마스

✓ 단어 체크

タクシー 탁-시- 택시 / ~に 니 ~에 / 乗(の)る 노루 타다 / 飛行機(ひこうき) 히꼬-끼 비행기 / バス 바스 버스 / 電車(でんしゃ) 덴-샤 전철

회화로 응용하기

무엇을 타는지 말해 보세요.

何(なに)に 乗(の)りますか。
나니니 노리마스까
무엇을 타요?

バイク に 乗(の)ります。
바이크니 노리마스
오토바이를 타요.

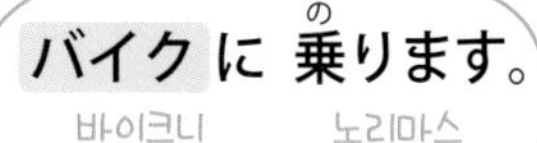

★「何(なに)に 乗(の)りますか 나니니 노리마스까」는 '무엇을 타요(탈까요)?' 라고 묻는 표현이에요.

1 バイク [바이크] 오토바이
2 自転車(じてんしゃ) [지뗀-샤] 자전거
3 船(ふね) [후네] 배

문제로 확인해 보기

1 전철을 타요. ▶ ______________________

2 버스를 타요. ▶ ______________________

3 택시를 타요. ▶ ______________________

오늘의 10분 끝!

Day 31-35 Review

1/ 의미가 통하도록 관련 있는 단어끼리 연결하세요.

❶ 注文(ちゅうもん) •	• a. 乗(の)る
❷ 電気(でんき) •	• b. つける
❸ タクシー •	• c. する

2/ 그림을 보고 빈칸에 알맞은 가타카나를 넣어 보세요.

❶

メ［　］ュー ください。

❷

コー［　］ー ください。

❸

ビー［　］ ください。

❹

レ［　］ート ください。

3/ 제시된 동사를 알맞은 형태로 고쳐 문장을 완성하세요.

예 会議(かいぎ)を [続(つづ)け] ましょうか。 [続(つづ)ける]
회의를 계속할까요?

1 電話(でんわ)を [ ] ましょうか。 [かける]
전화를 걸까요?

2 ちょっと [ ] ましょうか。 [休(やす)む]
좀 쉴까요?

3 デート [ ] ましょうか。 [する]
데이트할까요?

4 中(なか)に [ ] ましょうか。 [入(はい)る]
안으로 들어갈까요?

4/ 빈칸에 알맞은 조사를 넣어 보세요.

1 ここ [ ] 彼(かれ)を 待(ま)ちましょうか。 여기서 그를 기다릴까요?

2 バス [ ] 乗(の)りましょうか。 버스를 탈까요?

3 電話(でんわ) [ ] 話(はな)しましょうか。 전화로 이야기할까요?

정답

1/ 1 c 2 b 3 a
2/ 1 ニ 2 ヒ 3 ル 4 シ
3/ 1 かけ 2 休み 3 し 4 入り
4/ 1 で 2 に 3 で

오늘의 10분 시작!

36 친구를 만나요.

～に会う로 만남 표현하기

초간단 개념 잡기

36-1

「～に会(あ)う~니아우」는 '~을/를 만나다'라는 뜻이에요. 한국어로는 '~을/를'의 조사를 쓰지만 일본어로는 조사「を오」가 아니라「に니」를 쓴다는 점 꼭 기억해 두세요.

「会(あ)う아우」도 1그룹 동사이기 때문에 존댓말로 바꾸면 다음과 같이 활용돼요.

あう 만나다 ➡ あいます 만납니다

友(とも)だちに

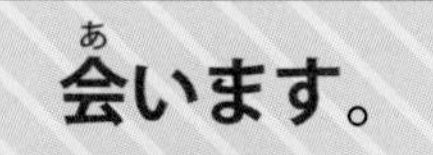

토모다찌니	아이마스
친구를	만나요.

★「～と会う[~또 아우] ~와/과 만나다」라고도 써요.

입에서 바로 나오는 문장 말하기

36-2

彼氏(かれし)に 会(あ)います。 남자 친구를 만나요.

카레시니 아이마스

お母(かあ)さんに 会(あ)います。 어머니를 만나요.

오까-상-니 아이마스

部長(ぶちょう)に 会(あ)います。 부장님을 만나요.

부쬬-니 아이마스

✓ 단어 체크

～に会(あ)う ~니아우 ~을, 를 만나다 / 彼氏(かれし) 카레시 남자친구 / お母(かあ)さん 오까-상- (타인의) 어머니 / 部長(ぶちょう) 부쬬- 부장님

母(はは) 하하: 자신의 어머니, 엄마

회화로 응용하기

36-3

누구를 만나는지 묻고 대답해 보세요.

誰(だれ)に 会(あ)いますか。
다레니 아이마스까
누구를 만나요?

彼女(かのじょ)に 会(あ)います。
카노죠니 아이마스
여자 친구를 만나요.

★ 「誰(だれ)に 会(あ)いますか 다레니 아이마스까」는 '누구를 만나요?' 라고 묻는 표현이에요.

1 彼女(かのじょ) [카노죠] 여자 친구
2 母(はは) [하하] (자신의) 엄마
3 先生(せんせい) [센-세-] 선생님

문제로 확인해 보기

1 누구를 만나요? ▶ ________________

2 선생님을 만나요. ▶ ________________

3 친구를 만나요. ▶ ________________

오늘의 10분 끝!

37 노트북을 갖고 싶어요.

ほしい로 갖고 싶은 것 말하기

초간단 개념 잡기

37-1

「ほしい호시-」는 '원하다, 갖고 싶다'라는 뜻의 형용사예요. 끝에 「～です데스」를 붙이면 정중한 표현이 돼요. '~을/를 갖고 싶어요'라고 할 때 조사 「を오」가 아니라 「が가」를 쓴다는 점 꼭 기억해 두세요.

ノートパソコンが	ほしいです。
노-또 파소꽁-가	호시-데스
노트북을	갖고 싶어요.

입에서 바로 나오는 문장 말하기

37-2

スマートフォンが ほしいです。 스마트폰을 갖고 싶어요.
스마-또혼-가 호시-데스

スポーツカーが ほしいです。 스포츠카를 갖고 싶어요.
스포-츠카-가 호시-데스

新(あたら)しい 家(いえ)が ほしいです。 새 집을 갖고 싶어요.
아따라시- 이에가 호시-데스

✓ 단어 체크

ノートパソコン 노-또 파소꽁- 노트북 / スマートフォン 스마-또혼- 스마트폰 / スポーツカー 스포-츠카- 스포츠카 / 新(あたら)しい 아따라시- 새롭다, 새로운 / 家(いえ) 이에 집

줄여서 スマホ(스마호)라고도 해요.

회화로 응용하기

37-3

무엇을 갖고 싶은지 묻고 대답해 보세요.

何(なに)が ほしいですか。
나니가 호시-데스까
무엇을 갖고 싶어요?

ケータイ が ほしいです。
케-따이가 호시-데스
휴대폰을 갖고 싶어요.

✱ 「何(なに)が ほしいですか 나니가 호시-데스까」는 '무엇을 갖고 싶어요?' 라고 묻는 표현이에요.

1 ケータイ [케-따이] 휴대폰
2 タブレット [타브렛-또] 태블릿 pc
3 ペット [펫-또] 애완동물, 반려동물

문제로 확인해 보기

1 노트북을 갖고 싶어요. ▸ ______

2 새 집을 갖고 싶어요. ▸ ______

3 휴대폰을 갖고 싶어요. ▸ ______

오늘의 10분 끝!

38 요가를 하고 싶어요.

3그룹 동사로 하고 싶은 것 말하기

초간단 개념 잡기

38-1

무엇을 하고 싶다고 말할 때는「~が したいです~가 시따이데스」라고 해요. 3그룹 동사는 다음과 같이 활용이 돼요.

する 하다 ➡ したいです 하고 싶습니다 くる 오다 ➡ きたいです 오고 싶습니다

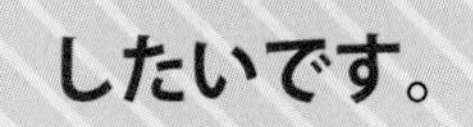

ヨガが したいです。

요가가 시따이데스

요가를 하고 싶어요.

★ '~을/를 ~하고 싶다'에서 조사「が가」또는「を오」를 사용하는 데 주로「が」를 사용해요.
ヨガが したいです / ヨガを したいです (모두 OK!)

입에서 바로 나오는 문장 말하기

旅行(りょこう)が したいです。 여행을 하고 싶어요.
료꼬-가 시따이데스

はやく 卒業(そつぎょう)が したいです。 빨리 졸업을 하고 싶어요.
하야꾸 소쯔교-가 시따이데스

ショッピングが したいです。 쇼핑을 하고 싶어요.
숍-핑-구가 시따이데스

✓ 단어 체크

ヨガ 요가 요가 / 卒業(そつぎょう) 소쯔교- 졸업 / ショッピング 숍-핑-구 쇼핑

회화로 응용하기

무엇을 하고 싶은지 묻고 대답해 보세요.

何(なに)が したいですか。
나니가 시따이데스까
무엇을 하고 싶어요?

ダイエット が/を したいです。
다이엣-또가 시따이데스
다이어트를 하고 싶어요.

✱「何(なに)が したいですか 나니가 시따이데스까」는 '무엇을 하고 싶어요?' 라고 묻는 표현이에요.

1 ダイエット [다이엣-또] 다이어트
2 就職(しゅうしょく) [슈-쇼꾸] 취직
3 引(ひ)っ越(こ)し [힉-꼬시] 이사

문제로 확인해 보기

1 여행을 하고 싶어요. ▶ ____________________

2 빨리 졸업을 하고 싶어요. ▶ ____________________

3 다이어트를 하고 싶어요. ▶ ____________________

오늘의 10분 끝!

오늘의 10분 시작!

39 스키야키를 먹고 싶어요.

2그룹 동사로 하고 싶은 것 말하기

초간단 개념 잡기

39-1

2그룹 동사로 희망 표현을 하려면 어미 「る루」를 떼고 「〜たいです따이데스」를 붙이면 됩니다. たべる 먹다 ➡ たべたいです 먹고 싶어요

すきやきが 食(た)べたいです。

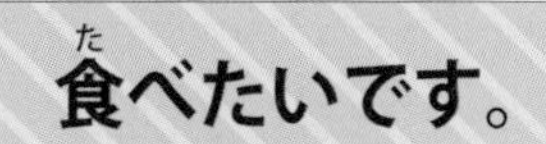

스끼야끼가 / 스키야키를

타베따이데스 / 먹고 싶어요.

‘~을/를 ~하고 싶다’에서 조사 「が가」 또는 「を오」를 사용하는 데 주로 「が」를 사용해요.
すきやきが　食べたいです / すきやきを　食べたいです（모두 OK!）

입에서 바로 나오는 문장 말하기

39-2

ミュージカルが　見(み)たいです。 뮤지컬을 보고 싶어요.
뮤-지카루가 미따이데스

窓(まど)を　あけたいです。 창문을 열고 싶어요.
마도오 아께따이데스

5(ご)キロ　やせたいです。 5kg 살 빼고 싶어요.
고키로 야세따이데스

✓ 단어 체크

すきやき 스끼야끼 스키야키(소고기 전골) / 〜たい 따이 ~고 싶다(희망) / ミュージカル 뮤-지카루 뮤지컬 / 窓(まど) 마도 창문 / あける 아께루 열다 / 5(ご)キロ 고키로 5킬로그램 / やせる 야세루 마르다, 살 빼지다

회화로 응용하기

39-3

무엇을 하고 싶은지 묻고 대답해 보세요.

何(なに)が したいですか。
나니가 시따이데스까
무엇을 하고 싶어요?

アニメ が/を 見(み)たいです。
아니메가 미따이데스
애니메이션을 보고 싶어요.

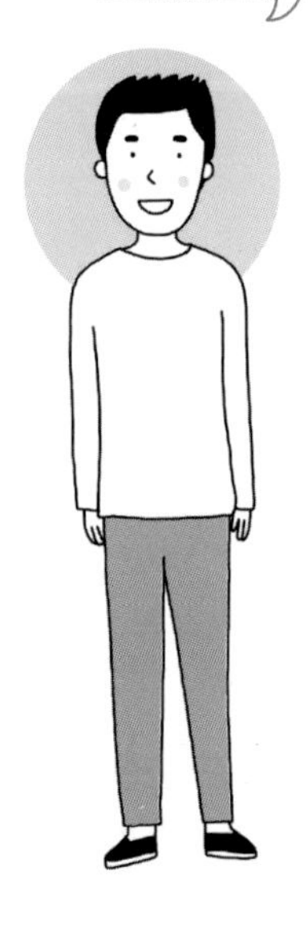

1 アニメ [아니메] 애니메이션 / 見(み)る [미루] 보다
2 トンカツ [톤-까쯔] 돈가스 / 食(た)べる [타베루] 먹다
3 ゴルフ [고루후] 골프 / はじめる [하지메루] 시작하다

조사 「を 오」만 가능해요.

문제로 확인해 보기

1 애니메이션을 보고 싶어요. ▸ ______________________

2 돈가스를 먹고 싶어요. ▸ ______________________

3 골프를 시작하고 싶어요. ▸ ______________________

오늘의 10분 끝!

오늘의 10분 시작!

40 일본에 가고 싶어요.

1그룹 동사로 하고 싶은 것 말하기

초간단 개념 잡기

40-1

1그룹 동사는 어미 ‘う우’단을 ‘い이’단으로 바꾸고「たいです따이데스」를 붙이면 ‘~하고 싶어요’라는 뜻이 돼요. いく 가다 ➡ いきたいです 가고 싶습니다

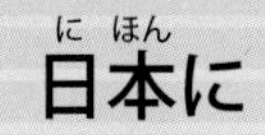

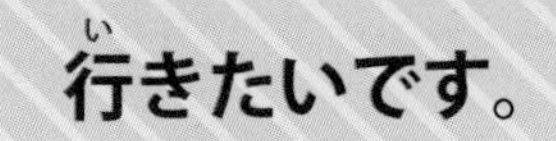

니혼-니
일본에

이끼따이데스
가고 싶어요.

입에서 바로 나오는 문장 말하기

40-2

アイスコーヒーが 飲(の)みたいです。
아이스코-히-가 노미따이데스
아이스커피를 마시고 싶어요.

かばんが 買(か)いたいです。
카방-가 카이따이데스
가방을 사고 싶어요.

友(とも)だちに 会(あ)いたいです。
토모다찌니 아이따이데스
친구를 만나고 싶어요.

✓ 단어 체크

かばん 카방- 가방

회화로 응용하기

40-3

무엇을 하고 싶은지 묻고 대답해 보세요.

何(なに)が したいですか。
나니가 시따이데스까
무엇을 하고 싶어요?

本(ほん)が/を 読(よ)み たいです。
홍-가 요미따이데스
책을 읽고 싶어요.

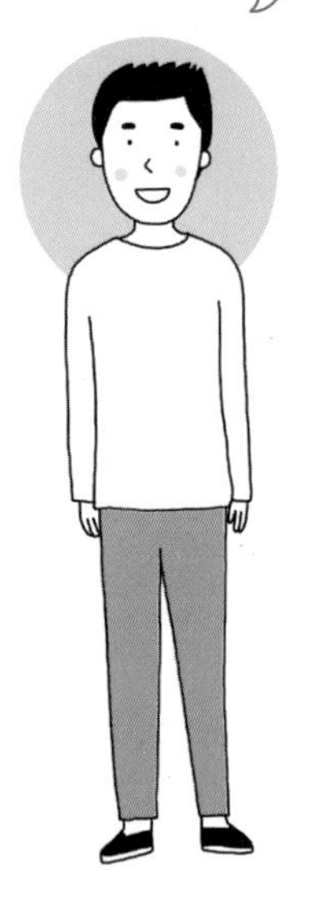

1 本(ほん) [홍-] 책 / 読(よ)む [요무] 읽다

2 手紙(てがみ) [테가미] 편지 / 書(か)く [카꾸] 적다, 쓰다

3 運転免許(うんてんめんきょ) [운-뗀-멩-꾜] 운전면허 / 取(と)る [토루] 따다

3분 문제로 확인해 보기

1 일본에 가고 싶어요. ▸ ______________________

2 운전면허를 따고 싶어요. ▸ ______________________

3 아이스커피를 마시고 싶어요. ▸ ______________________

오늘의 10분 끝!

Day 36-40 Review

1 한국어를 참고하여 빈칸에 조사를 넣어 보세요.

1. スペイン（　　） 行(い)きたいです。　　스페인에 가고 싶어요.
2. 彼女(かのじょ)（　　） 会(あ)いたいです。　　그녀를 만나고 싶어요.
3. パソコン（　　） ほしいです。　　PC를 갖고 싶어요.
4. 飛行機(ひこうき)（　　） 乗(の)りたいです。　　비행기를 타고 싶어요.

2 다음의 동사와 관련 있는 그림을 고르세요.

예 食(た)べたい　c	1 行(い)きたい（　　）	2 会(あ)いたい（　　）
3 見(み)たい（　　）	4 飲(の)みたい（　　）	5 とりたい（　　）

a.

b.

c.

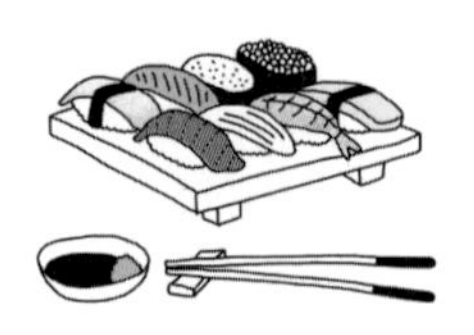

d.

e.

f.

3/ 제시된 동사를 알맞은 형태로 고쳐 문장을 완성하세요.

예 ヨガが [したい] です。 [する]
요가를 하고 싶어요.

1 はやく 卒業(そつぎょう)が [　　] です。 [する]
빨리 졸업을 하고 싶어요.

2 アニメが [　　] です。 [見(み)る]
애니메이션이 보고 싶어요.

3 かばんが [　　] です。 [買(か)う]
가방을 사고 싶어요.

4/ 그림을 보고 무엇이 갖고 싶은지 답해 보세요.

예

A 何(なに)が　ほしいですか。 무엇을 갖고 싶어요?
B スマホが　ほしいです。 스마트폰을 갖고 싶어요.

1

새 집

2

스포츠카

3

애완동물

______ ______ ______

정답

1/ 1 に 2 に 3 が 4 に
2/ 1 d 2 a 3 b 4 f 5 e
3/ 1 したい 2 見たい 3 買いたい
4/ 1 新しい 家が ほしいです。
2 スポーツカーが ほしいです 3 ペットが ほしいです。

라멘의 원조는 중화 소바

라면을 일본어로 라멘(ラーメン)이라고 하죠.

일본 라멘의 역사는 메이지 시대인 1800년대 후반, 요코하마(横浜よこはま), 나가사키(長崎ながさき), 고베(神戸こうべ) 등의 항구 도시에서 시작되었어요. 서양과의 교역을 위해 개방한 항구 도시에 중국인들이 들어오면서 중화 거리(차이나타운)가 형성됩니다. 일본보다 한발 앞서 서양 문물을 접한 중국인들이 한자 문화권인 일본에 들어와 서양과의 교역에 중개 역할을 했어요. 그렇게 중국인들이 대거 일본에 들어오면서 그들의 음식 문화도 함께 들어온 것이죠.

▲ 요코하마 중화 거리

육식을 하지 않던 당시 일본인들에게는 고기 국물에 면을 넣어 먹는 음식이 낯설게 느껴졌어요. 하지만 육식 문화가 보편화 되면서 점차 일본인의 미각을 충족시키는 요리로 자리잡게 되었죠.

이 때는 라멘이 중화 소바, 시나 소바(시나=차이나), 난킹 소바(난킹=난징)라는 이름으로 불렸습니다. 난킹 소바는 요코하마에 있는 중화 거리 난킹마치(南京町)에서 유래되었는데, 1870년 요코하마의 중화 거리에 '카이호로'라는 가게가 문을 연 것을 시작으로 많은 난킹 소바 가게들이 들어서게 됩니다.

▲ 나가사키 중화 거리

▲ 고베 중화 거리

이러한 배경으로 1994년 요코하마에 '라멘 박물관'이 문을 열게 되었습니다. 실제 박물관이라기보다 일본 전역의 유명 라멘 가게가 모여 있는 테마파크라고 할 수 있죠.

라멘의 역사를 한눈에 볼 수 있는 전시 갤러리, 전통적인 제면 기법으로 면을 직접 뽑아볼 수 있는 체험관 등 다양한 먹거리와 볼거리가 있어요.

라멘 박물관의 전체적인 분위기는 1950년대의 일본을 재현해 놓았는데, 가난했지만 정겨웠던 일본의 이미지를 마케팅하기 위해서라고 해요.

▲ 라면 박물관

라멘을 좋아하는 분들이라면 한 번쯤 들러 보시는 것도 좋을 것 같네요.

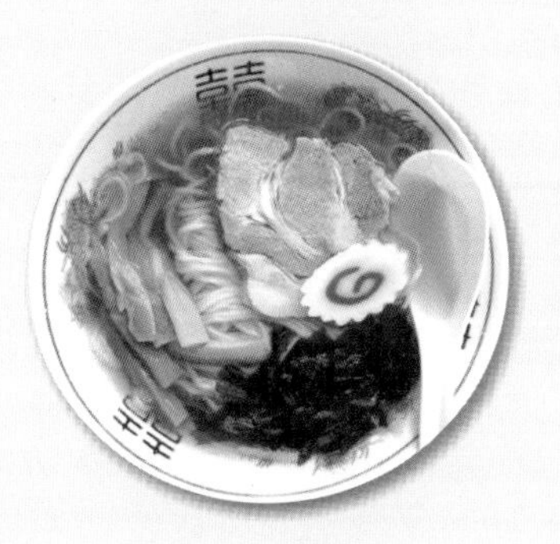

PART 05

궁금해 궁금해!

궁금한 것 질문하기

오늘의 10분 시작!

41 생일은 언제예요?

いつですか로 날짜 묻기

2분 초간단 개념 잡기

41-1

「いつ이쯔」는 '언제'라는 뜻이에요. 생일이나 기념일 등의 날짜가 궁금할 때는 「いつですか 이쯔데스까」 라고 물어보면 돼요.

「お」는 존경의 의미

お誕生日(たんじょうび)は / いつですか。

오탄-죠-비와 / 이쯔데스까

생일은 / 언제예요?

2분 입에서 바로 나오는 문장 말하기

休(やす)みの日(ひ)は いつですか。 쉬는 날은 언제예요?

야스미노히와 이쯔데스까

出張(しゅっちょう)は いつですか。 출장은 언제예요?

슛-쬬-와 이쯔데스까

帰国(きこく)は いつですか。 귀국은 언제예요?

키꼬꾸와 이쯔데스까

✓ 단어 체크

誕生日(たんじょうび) 탄-죠-비 생일 / いつ 이쯔 언제 / 休(やす)みの日(ひ) 야스미노히 쉬는 날 / 出張(しゅっちょう) 슛-쬬- 출장 / 帰国(きこく) 키꼬꾸 귀국

3분 회화로 응용하기

41-3

날짜를 묻고 답하는 표현을 익혀 보세요.

子(こ)どもの日(ひ)は いつですか。
코도모노히와 이쯔데스까
어린이날은 언제인가요?

5月(ごがつ) 5日(いつか)です。
고가쯔 이쯔까데스
5월 5일입니다.

1	子(こ)どもの日(ひ) [코도모노히] 어린이날 / 5月(ごがつ) 5日(いつか) [고가쯔 이쯔까] 5월 5일
2	バレンタインデー [바렌-타인-데-] 발렌타인데이 / 2月(にがつ) 14日(じゅうよっか) [니가쯔 쥬-욕-까] 2월 14일
3	引(ひ)っ越(こ)し [힉-꼬시] 이사 / 9月(くがつ) 10日(とおか) [쿠가쯔 토-까] 9월10일

★ 날짜 표현 (26~27p 참고)

3분 문제로 확인해 보기

1 생일은 언제예요? ▶ ______________________

2 출장은 언제예요? ▶ ______________________

3 이사는 언제예요? ▶ ______________________

오늘의 10분 끝!

42 시험은 무슨 요일이에요?

何曜日ですか로 요일 묻기

2분 초간단 개념 잡기

42-1

「何曜日(なんようび) 난-요-비」는 '무슨 요일'이라는 뜻이에요. 요일이 궁금할 때는 「何曜日(なんようび)ですか 난-요-비데스까」 라고 물어보면 돼요.

テストは	何曜日(なんようび)ですか。
테스또와	난-요-비데스까
시험은	무슨 요일이에요?

2분 입에서 바로 나오는 문장 말하기

42-2

明日(あした)は 何曜日(なんようび)ですか。
아시따와 난-요-비데스까
내일은 무슨 요일이에요?

今年(ことし)のクリスマスは 何曜日(なんようび)ですか。
코또시노 크리스마스와 난-요-비데스까
올해 크리스마스는 무슨 요일이에요?

忘年会(ぼうねんかい)は 何曜日(なんようび)ですか。
보-넨까이와 난-요-비데스까
송년회는 무슨 요일이에요?

✓ 단어 체크

明日(あした) 아시따 내일 / 今年(ことし) 코또시 올해 / クリスマス 크리스마스 크리스마스 / 忘年会(ぼうねんかい) 보-넨-까이 송년회, 망년회

회화로 응용하기

요일을 묻고 답하는 표현을 익혀 보세요.

今日(きょう)は 何曜日(なんようび)ですか。
교-와 난-요-비데스까
오늘은 무슨 요일이에요?

月曜日(げつようび)です。
게쯔요-비데스
월요일이에요.

1	今日(きょう) [쿄-] 오늘 / 月曜日(げつようび) [게쯔요-비] 월요일
2	英語(えいご)の授業(じゅぎょう) [에-고노 쥬교-] 영어 수업 / 水曜日(すいようび) [스이요-비] 수요일
3	しめきり [시메끼리] 마감 / 金曜日(きんようび) [킹-요-비] 금요일

★ 요일 표현 (26~27p 참고)

3분 문제로 확인해 보기

1 오늘은 무슨 요일이에요? ▸ ____________________

2 시험은 무슨 요일이에요? ▸ ____________________

3 올해 크리스마스는 무슨 요일이에요? ▸ ____________________

오늘의 10분 끝!

오늘의 10분 시작!

43 지금 몇 시예요?

何時ですか로 시간 묻기

2분 초간단 개념 잡기

43-1

「何時(なんじ) 난-지」는 '몇 시'라는 뜻이에요. 시간이 궁금할 때는 「何時(なんじ)ですか 난-지데스까」 라고 물어보면 돼요.

몇 분인지 물어볼 때는 「何分(なんぷん)ですか 남-뿐-데스까」 라고 하면 돼요.

今(いま)	何時(なんじ)ですか。
이마	난-지데스까
지금	몇 시예요?

2분 입에서 바로 나오는 문장 말하기

43-2

映画(えいが)は 何時(なんじ)ですか。
에-가와 난-지데스까
영화는 몇 시예요?

待(ま)ち合(あ)わせは 何時(なんじ)ですか。
마찌아와세와 난-지데스까
만나는 약속은 몇 시예요?

会議(かいぎ)は 何時(なんじ) 何分(なんぷん)ですか。
카이기와 난-지 남-뿐-데스까
회의는 몇 시 몇 분이에요?

✓ 단어 체크

今(いま) 이마 지금 / 待(ま)ち合(あ)わせ 마찌아와세 만나는 약속 / 会議(かいぎ) 카이기 회의

회화로 응용하기

43-3

시간을 묻고 대답해 보세요.

出発は　何時ですか。
(しゅっぱつ / なんじ)
슙-빠쯔와　난-지데스까
출발은 몇 시예요?

9時 半です。
(くじ はん)
쿠지 한-데스
9시 반이에요.

1	出発(しゅっぱつ) [슙-빠쯔] 출발 / 9時 半(くじ はん) [쿠지 한-] 9시 반
2	到着(とうちゃく) [토-챠꾸] 도착 / 6時 50分(ろくじ ごじゅっぷん) [로꾸지 고쥽-뿐-] 6시 50분
3	予約(よやく) [요야꾸] 예약 / 12時(じゅうにじ) [쥬-니지] 12시

✱ 시간 표현 (25p 참고)

문제로 확인해 보기

1. 만나는 약속은 몇 시예요? ▶ ______________________
2. 출발은 몇 시예요? ▶ ______________________
3. 지금 몇 시예요? ▶ ______________________

오늘의 10분 끝!

오늘의 10분 시작!

44 영화는 몇 시부터 몇 시까지예요?

~から~まで로 범위 말하기

2분 초간단 개념 잡기

44-1

「~から까라~まで마데」는 '~부터 ~까지'의 뜻으로, 시간과 장소의 범위를 나타낼 때 써요.

映画(えいが)は 何時(なんじ)から 何時(なんじ)までですか。

에-가와 난-지까라 난-지마데 데스까

영화는 몇 시부터 몇 시까지예요?

2분 입에서 바로 나오는 문장 말하기

44-2

授業(じゅぎょう)は 何時(なんじ)から 何時(なんじ)までですか。
주교-와 난-지까라 난-지마데 데스까
수업은 몇 시부터 몇 시까지예요?

夏休(なつやす)みは 何日(なんにち)から 何日(なんにち)までですか。
나쯔야스미와 난-니찌까라 난-니찌마데 데스까
여름휴가는 며칠부터 며칠까지예요?

テストは 何曜日(なんようび)から 何曜日(なんようび)までですか。
테스또와 난-요-비까라 난-요-비마데 데스까
시험은 무슨 요일부터 무슨 요일까지예요?

✓ 단어 체크

~から 까라 ~부터 / ~まで 마데 ~까지 / 夏休(なつやす)み 나쯔야스미 여름휴가, 여름방학 / 何日(なんにち) 난-니찌 며칠

회화로 응용하기

범위를 나타내는 표현을 연습해 보세요.

祭り(まつ)は いつから いつまでですか。
마쯔리와 이쯔까라 이쯔마데데스까
축제는 언제부터 언제까지예요?

金曜日(きんようび)から 日曜日(にちようび)までです。
킹-요-비까라 니찌요-비마데데스
금요일부터 일요일까지예요.

★「いつから　いつまでですか 이쯔까라 이쯔마데데스까?」는 '언제부터 언제까지예요?'라고 묻는 표현이에요.

1	祭り(まつ) [마쯔리] 축제	金曜日(きんようび) [킹-요-비] 금요일	日曜日(にちようび) [니찌요-비] 일요일
2	休み(やす) [야스미] 휴일	3日(みっか) [믹-까] 3일	6日(むいか) [무이까] 6일
3	梅雨(つゆ) [쯔유] 장마	6月(ろくがつ) [로꾸가쯔] 6월	8月(はちがつ) [하찌가쯔] 8월

★ 날짜 표현 (26~27p 참고)

문제로 확인해 보기

1 수업은 몇 시부터 몇 시까지예요? ▶ ______

2 장마는 언제부터 언제까지예요? ▶ ______

3 시험은 무슨 요일부터 무슨 요일까지예요? ▶ ______

오늘의 10분 끝!

오늘의 10분 시작!

45 저 분은 누구예요?

誰ですか로 누군지 묻기

초간단 개념 잡기

45-1

「誰(だれ) 다레」는 '누구'라는 뜻으로, 뒤에「ですか」를 붙이면 '누구예요?' 하고 묻는 표현이 돼요. 조금 더 정중하게 '누구십니까?' 하고 물어볼 때는「どなたさまですか 도나타사마데스까」 또는「どちらさまですか 도찌라사마데스까」라고 하면 돼요.

あの方(かた)は 誰(だれ)ですか。

아노 카따와	다레데스까
저 분은	누구예요?

★ 눈 앞의 상대방에게 직접「あなたは、誰(だれ)ですか 아나따와 다레데스까 당신은 누구세요?」라고 물으면 실례가 되므로 사용하지 않는 게 좋아요.

입에서 바로 나오는 문장 말하기

45-2

担当者(たんとうしゃ)は 誰(だれ)ですか。
탄-또-샤와 다레데스까
담당자는 누구예요?

新(あたら)しい 先生(せんせい)は 誰(だれ)ですか。
아따라시- 센-세-와 다레데스까
새로 온 선생님은 누구예요?

中村(なかむら)さんの 奥(おく)さんは 誰(だれ)ですか。
나까무라상-노 옥-상-와 다레데스까
나카무라 씨의 부인은 누구예요?

✓ 단어 체크

あの 아노 저 / 方(かた) 카따 분 / 誰(だれ) 다레 누구 / 担当者(たんとうしゃ) 탄-또-샤 담당자 / 奥(おく)さん 옥-상- 부인(다른 사람의 아내)

→ 妻(つま) 츠마: 자신의 아내

회화로 응용하기

누구인지 묻고 대답해 보세요.

あの方(かた)は 誰(だれ)ですか。
아노 카따와 다레데스까
저 분은 누구예요?

ジウさんの お父(とう)さん です。
지우상-노 오또-상- 데스
지우 씨의 아버지예요.

1 ジウさんのお父(とう)さん [지우상-노 오또-상-] 지우 씨의 아버지
2 この大学(だいがく)の先生(せんせい) [코노 다이가꾸노 센-세-] 이 대학의 선생님
3 田中(たなか)さんの旦那(だんな)さん [타나까상-노 단-나상-] 다나카 씨의 남편

夫(おっと) 옷-또: 자신의 남편

문제로 확인해 보기

1 담당자는 누구예요? ▶ ____________________

2 저 분은 누구예요? ▶ ____________________

3 지우 씨의 아버지예요. ▶ ____________________

오늘의 10분 끝!

Day 41-45 Review

1/ 의미가 통하도록 관련 있는 단어끼리 연결하세요.

1. 子(こ)どもの日(ひ)は いつですか。 • • a. 5月(ごがつ) 5日(いつか)です。
2. 今日(きょう)は 何曜日(なんようび)ですか。 • • b. 9時半(くじはん)です。
3. 出発(しゅっぱつ)は 何時(なんじ)ですか。 • • c. 木曜日(もくようび)です。

2/ 달력을 보고 날짜 혹은 요일을 보기 에서 찾아 히라가나로 쓰세요.

4月 April

日	月	火	水	木	金	土
			1	2	3	4
5	6	7	8	9	10	11
12	13	14	15 Today	16	17	18
19	20 テスト	21 テスト	22 テスト	23 テスト	24 テスト	25
26	27	28	29	30		

보기 はつか / しがつ / にじゅうよっか / すいようび

1. A: 何月(なんがつ)ですか。
   B: [　　　　] です。
2. A: 今日(きょう)は 何曜日(なんようび)ですか。
   B: [　　　　] です。
3. A: テストは いつから いつまでですか。
   B: [　　　　] から [　　　　] までです。

3/ 시계를 보고 시간을 히라가나로 답해 보세요.

예 10:07

じゅうじ　ななふん です。

1 7:30

＿＿＿＿＿＿＿＿ です。

2 9:25

＿＿＿＿＿＿＿＿ です。

3 4:00

＿＿＿＿＿＿＿＿ です。

4/ 빈칸을 히라가나로 채워 대화를 완성하세요.

1 A: [　　　　] は、いつですか。 생일은 언제예요?

B: 3月(さんがつ)　10日(とおか)です。

2 A: あの方(かた)は、[　　　　]。 저 분은 누구예요?

B: あの方(かた)は、新(あたら)しい先生(せんせい)です。 저 분은 새로운 선생님이에요.

정답

1/ 1 a　2 c　3 b

2/ 1 しがつ　2 すいようび　3 はつか / にじゅうよっか

3/ 1 しちじ さんじゅっぷん (=しちじ　はん)
2 くじ　にじゅうごふん　3 よじ

4/ 1 おたんじょうび　2 だれですか

오늘의 10분 시작!

46 집은 어디예요?

どこですか로 위치 물어보기

초간단 개념 잡기

「どこ도꼬」는 '어디'라는 뜻으로, 뒤에 「ですか데스까」를 붙이면 '어디예요?' 하고 묻는 표현이 돼요.

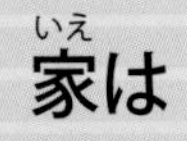

家(いえ)は どこですか。

이에와 / 도꼬데스까

집은 / 어디예요?

입에서 바로 나오는 문장 말하기

渋谷駅(しぶやえき)は どこですか。 시부야 역은 어디예요?

시부야에끼와 도꼬데스까

トイレは どこですか。 화장실은 어디예요?

토이레와 도꼬데스까

ドラッグストアは どこですか。 드럭스토어는 어디예요?

도락-구스토아와 도꼬데스까

✓ 단어 체크

家(いえ) 이에 집 / どこ 도꼬 어디 / 渋谷(しぶや) 시부야 시부야(일본 지명) / 駅(えき) 에끼 역 / トイレ 토이레 화장실 / ドラッグストア 도락-구 스토아 드럭스토어 (약이나 화장품 등을 파는 상점)

회화로 응용하기

46-3

위치를 묻고 대답해 보세요.

デパートは どこですか。
데파-또와 도꼬데스까
백화점은 어디예요?

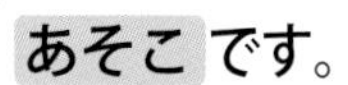

あそこ です。
아소꼬데스
저기예요.

1	デパート [데파-또] 백화점 / あそこ [아소꼬] 저기
2	映画館(えいがかん) [에-가깐-] 영화관 / デパートのとなり [데파-또노 토나리] 백화점 옆
3	会議室(かいぎしつ) [카이기시쯔] 회의실 / ここ [코꼬] 여기

★ 지시대명사와 위치 표현 (30~31p 참고)

문제로 확인해 보기

1. 시부야 역은 어디예요? ▶ ______________________

2. 화장실은 어디예요? ▶ ______________________

3. 백화점은 어디예요? ▶ ______________________

오늘의 10분 끝!

오늘의 10분 시작!

47 오늘 날씨는 어때요?

どうですか로 상태나 의견 물어보기

초간단 개념 잡기

47-1

「どう도-」는 '어떻게'라는 뜻으로 뒤에 「ですか데스까」를 붙이면 '어때요?'하고 묻는 표현이 돼요. 상대방의 의견이나 생각, 상태를 물어볼 때 써요.

今日(きょう)の天気(てんき)は	どうですか。
쿄-노 텡-끼와	도-데스까
오늘 날씨는	어때요?

입에서 바로 나오는 문장 말하기

47-2

温泉旅行(おんせんりょこう)は　どうですか。
온-센-료꼬-와　도-데스까
온천 여행은 어때요?

日本語(にほんご)の　授業(じゅぎょう)は　どうですか。
니혼-고노　주교-와　도-데스까
일본어 수업은 어때요?

今夜(こんや)、一杯(いっぱい)　どうですか。
콩-야　입-빠이　도-데스까
오늘 밤, 한잔 어때요?

✓ 단어 체크

天気(てんき) 텡-끼 날씨 / 温泉旅行(おんせんりょこう) 온-센-료꼬- 온천 여행 / 今夜(こんや) 콩-야 오늘 밤 / 一杯(いっぱい) 입-빠이 한 잔, 한잔함

회화로 응용하기

상태나 의견을 묻고 대답해 보세요.

東京(とうきょう)の天気(てんき)は どうですか。
토꼬-노 텡-끼와 도-데스까
도쿄의 날씨는 어때요?

あたたかいです。
아따따까이데스
따뜻해요.

1 東京(とうきょう)の天気(てんき) [토-꼬-노 텡-끼] 도쿄의 날씨 / あたたかい [아따따까이] 따뜻하다

2 金先生(キムせんせい)の授業(じゅぎょう) [키무센-세-노 쥬교-] 김 선생님 수업 / おもしろい [오모시로이] 재미있다

3 あしたのランチ [아시따노 란-치] 내일 점심 / いい [이-] 좋다

문제로 확인해 보기

1 오늘 밤, 한잔 어때요? ▸ ____________________

2 오늘 날씨는 어때요? ▸ ____________________

3 일본어 수업은 어때요? ▸ ____________________

오늘의 10분 끝!

오늘의 10분 시작!

48 뭘 먹을까요?

何を～ましょうか 로 무엇을 할까 질문하기

초간단 개념 잡기

「何(なに)나니」는 '무엇'이라는 뜻이에요. 뒤에 동사의 청유형을 넣어「何(なに)を～ましょうか나니오 ～마쇼-까」라고 하면 무엇을 할지 묻는 표현이 돼요.

何(なに)を	食(た)べましょうか。
나니오	타베마쇼-까
무엇을(뭘)	먹을까요?

★「何(なに)に しましょうか나니니 시마쇼-까」는 '무엇으로 할까요?' 라는 뜻으로 메뉴를 정할 때 많이 써요.

입에서 바로 나오는 문장 말하기

何(なに)を 読(よ)みましょうか。 무엇을 읽을까요?
나니오 요미마쇼-까

何(なに)を 飲(の)みましょうか。 무엇을 마실까요?
나니오 노미마쇼-까

何(なに)に 乗(の)りましょうか。 무엇을 탈까요?
나니니 노리마쇼-까

✓ 단어 체크

読(よ)む 요무 읽다 / 飲(の)む 노무 마시다 / ～に乗(の)る ~니 노루 ~을, 를 타다

3분 회화로 응용하기

48-3

무엇을 할지 묻고 대답해 보세요.

何(なに)を 見(み)ましょうか。
나니오 미마쇼-까
무엇을 볼까요?

アニメを 見(み)ましょう。
아니메오 미마쇼-
애니메이션을 봅시다.

1	見(み)る [미루] 보다 / アニメ [아니메] 애니메이션
2	する [스루] 하다 / 日本語(にほんご)の勉強(べんきょう) [니홍-고노 벵-꾜-] 일본어 공부
3	買(か)う [카우] 사다 / あの弁当(べんとう) [아노 벤-또-] 저 도시락

3분 문제로 확인해 보기

1 무엇을 볼까요? ▶ ____________________

2 무엇을 먹을까요? ▶ ____________________

3 무엇을 할까요? ▶ ____________________

오늘의 10분 끝!

오늘의 10분 시작!

49 모두 얼마예요?

いくらですか로 가격 묻기

2분 초간단 개념 잡기 49-1

「いくら이꾸라」는 '얼마'라는 뜻이에요. 뒤에 「ですか데스까」를 붙이면 '얼마예요?'라고 묻는 표현이 돼요.

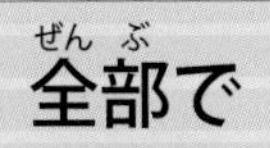

いくらですか。

젬-부데	이꾸라데스까
모두(전부)	얼마예요?

2분 입에서 바로 나오는 문장 말하기 49-2

これ、いくらですか。
코레 이꾸라데스까
이거 얼마예요?

これ 一(ひと)つは いくらですか。
코레 히또쯔와 이꾸라데스까
이거 하나는 얼마예요?
(=이거 하나에 얼마예요?)

この かばんは いくらですか。
코노 카방-와 이꾸라데스까
이 가방은 얼마예요?

✓ 단어 체크

全部(ぜんぶ)で 젬-부데 모두, 전부 합해 / これ 코레 이것 / 一(ひと)つ 히또쯔 하나 / この 코노 이~

회화로 응용하기

49-3

얼마인지 묻고 대답해 보세요.

これは いくらですか。
코레와 이꾸라데스까
이건 얼마예요?

700円(ななひゃくえん)です。
나나햐꾸엔-데스
700엔입니다.

1	これは [코레와] 이것은 / 700円 [나나햐꾸엔-] 칠백엔
2	全部(ぜんぶ)で [젠-부데] 모두 / 18,900円 [이찌만- 핫-센- 큐-햐꾸엔-] 만팔천구백엔
3	この服(ふく) [코노 후꾸] 이 옷 / 3,450円 [산-젠-욘-햐꾸고쥬-엔-] 삼천사백오십엔

* 숫자 표현 (22~24p 참고)

문제로 확인해 보기

1 이 옷은 얼마예요? ▸ ______

2 모두 얼마예요? ▸ ______

3 이거 하나는 얼마예요? ▸ ______

오늘의 10분 끝!

오늘의 10분 시작!

50 얼마나 걸려요?

どれぐらい로 시간, 분량 등의 정도 묻기

초간단 개념 잡기

50-1

「どれぐらい도레구라이」는 '어느 정도, 얼마나'라는 뜻이에요. 시간이나 거리, 분량 등의 구체적인 정도를 물어볼 때 써요.

どれぐらい	かかりますか。
도레구라이	카까리마스까
얼마나	걸려요?

입에서 바로 나오는 문장 말하기

50-2

会社(かいしゃ)まで どれぐらい かかりますか。
카이샤마데 도레구라이 카까리마스까
회사까지 얼마나 걸려요?

ここから 学校(がっこう)まで どれぐらい かかりますか。
코꼬까라 각-꼬-마데 도레구라이 카까리마스까
여기서 학교까지 얼마나 걸려요?

お酒(さけ)は どれぐらい 飲(の)みますか。
오사케와 도레구라이 노미마스까
술은 얼마나 마셔요?

✓ 단어 체크

どれぐらい 도레구라이 어느 정도 / かかる 카까루 걸리다 / (お)酒(さけ) (오)사케 술

회화로 응용하기

시간이 얼마나 걸리는지 묻고 대답해 보세요.

ここから駅(えき)まで どれぐらい かかりますか。
코꼬까라 에끼마데 도레구라이 카까리마스까
여기서 역까지 얼마나 걸려요?

30分(さんじゅっぷん)ぐらいです。
산-쥽-뿐-구라이데스
삼십 분 정도예요.

1	ここ [코꼬] 여기 / 駅(えき) [에끼] 역 / 30分(さんじゅっぷん) [산-쥽-뿐-] 30분
2	家(いえ) [이에] 집 / 空港(くうこう) [쿠-꼬-] 공항 / 一時間半(いちじかんはん) [이찌지깐- 한-] 한 시간 반
3	釜山(ぷさん) [푸산-] 부산 / 東京(とうきょう) [토-꾜-] 도쿄 / 2時間(にじかん) [니지깐-] 두 시간

* 시간 표현 (25p 참고)

문제로 확인해 보기

1. 회사까지 얼마나 걸려요? ▶ ______________________

2. 여기서 역까지 얼마나 걸려요? ▶ ______________________

3. 술은 얼마나 마셔요? ▶ ______________________

오늘의 10분 끝!

Day 46-50 Review

1/ 의미가 통하도록 관련 있는 단어끼리 연결하세요.

❶ デパートは　どこですか。 •	• a. 1万円(いちまんえん)です。
❷ あしたのランチ、どうですか。 •	• b. あそこです。
❸ これは　いくらですか。 •	• c. いいです。

2/ 다음 그림을 보고 가격 혹은 시간을 히라가나로 답해 보세요.

❶

A: この服(ふく)、いくらですか。

B: ＿＿＿＿＿＿＿＿＿＿＿＿＿＿＿＿です。

❷

A: 全部(ぜんぶ)でいくらですか。

B: ＿＿＿＿＿＿＿＿＿＿＿＿＿＿＿＿です。

❸

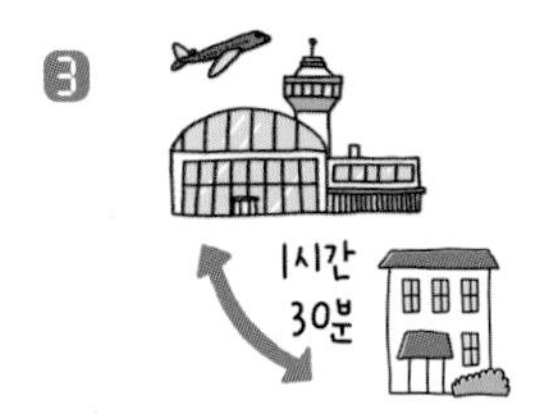

A: 家(いえ)から 空港(くうこう)まで どれぐらい かかりますか。

B: ＿＿＿＿＿＿＿＿＿＿＿＿＿＿＿＿です。

❹

A: 釜山(ぷさん)から 東京(とうきょう)まで どれぐらい かかりますか。

B: ＿＿＿＿＿＿＿＿＿＿＿＿＿＿＿＿です。

3/ 밑줄에 들어갈 알맞은 단어를 **보기**에서 찾아 쓰세요.

보기	全部(ぜんぶ)で / どれぐらい / 何(なに)に

1 ________ 乗(の)りましょうか。 무엇을 탈까요?

2 ________ いくらですか。 모두 얼마예요?

3 ________ かかりますか。 얼마나 걸려요?

4/ 제시된 동사를 알맞은 형태로 고쳐 문장을 완성하세요.

예 アニメを [見] ましょう。 [見(み)る]
애니메이션을 봅시다.

1 ラーメンを [   ] ましょう。 [食(た)べる]
라멘을 먹읍시다.

2 タクシーに [   ] ましょう。 [乗(の)る]
택시를 탑시다.

3 渋谷駅(しぶやえき)で [   ] ましょう。 [会(あ)う]
시부야 역에서 만납시다.

4 会議(かいぎ) [   ] ましょう。 [する]
회의합시다.

정답

1/ 1 b 2 c 3 a

2/ 1 よんせん ごひゃく ごじゅう えん 2 はっぴゃく えん
3 いちじかん はん(さんじゅっぷん) 4 にじかん

3/ 1 何に 2 全部で 3 どれぐらい

4/ 1 食べ 2 乗り 3 会い 4 し

이자카야 탐방기

일본 드라마나 영화를 보면 회사 동료나 친구들끼리 허름한 술집에 삼삼오오 모여 술잔을 기울이고 안주를 즐기는 장면이 종종 등장합니다.

이렇게 간단히 술과 안주를 즐길 수 있는 선술집, 주점을 일본어로 이자카야(居酒屋いざかや)라고 해요. 한국에서도 번화가에 가면 쉽게 찾아볼 수 있는 일본식 주점 이자카야는 본래 '대중적인 술집'을 뜻합니다. 어원은 에도 시대(江戸時代 1603~1868)로 거슬러 올라갑니다.

이자케(居酒いざけ)는 '선술집에서 술을 마시는 일, 또는 그 술'을 뜻하는 말인데 '있다(居るいる)'와 '술(酒さけ)'이 결합된 말이에요. 즉 술집에 있으면서(머물면서) 술을 마신다는 뜻이죠.
당시 에도는 잦은 토목 공사로 노동자가 많았고, 지방에서 영주를 따라 올라온 무사들도 많아 독신 남성의 인구 비율이 매우 높았어요. 이들은 집에서 술을 차려 먹을 수 없으니 술을 파는 가게 앞에서 가벼운 요깃거리와 함께 술을 마시게 되었죠. 그때부터 이와 같은 주점 형태가 확산되면서 이자카야가 대중화되었어요.

일단 들어가서 자리를 잡으면 따로 주문하지 않아도 먼저 간단한 안주가 나옵니다. 이 기본 안주를 가리켜 오토-시(お通しおとおし) 라고 합니다. 가게마다 차이는 있지만 대체로 초절임 채소나 유부, 삶은 풋콩 등이 제공됩니다.
기본 안주라 무료라고 생각하는 분들이 많지만 일본에서는 돈을 받는 가게들이 많습니다. 가게에 따라서는 오토-시를 거절할 수도 있지만 일본인들은 자릿세처럼 여겨 대부분 가게가 제공하는 오토-시를 먹고 값을 지불합니다.

이자카야의 대표 메뉴를 알아볼까요?

① 보통 주문은 술부터 해요. 맥주를 즐기는 분이라면 이렇게 해 보세요.

とりあえずビール! 우선 맥주부터 (주세요)!

토리아에즈 비-루

② 청주를 즐기는 분이라면 술의 온도를 정해 보세요.

あつかんで おねがいします。 따끈하게 데운 것으로 부탁해요.

아쯔깐-데 오네가이시마스

れいしゅで おねがいします。 차가운 것으로 부탁해요.

레-슈데 오네가이시마스

③ 취향에 따라 다양한 일본식 소주(しょうちゅう)를 고를 수 있어요.

いもじょうちゅう (芋焼酎) 고구마 소주

이모죠-쮸-

むぎじょうちゅう (麦焼酎) 보리 소주

무기죠-쮸-

こめじょうちゅう (米焼酎) 쌀 소주

코메죠-쮸-

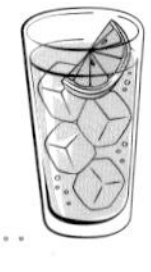

④ 달콤하고 상큼한 술을 좋아하면 사와(サワー)를 주문해 보세요. 신맛을 뜻하는 영어 sour의 일본식 발음으로 증류주에 과일즙을 넣어 신맛을 낸 칵테일이에요.

⑤ 대표적인 안주예요.

サラダ (샐러드)
사라다

枝豆(えだまめ) (풋콩)
에다마메

焼(や)き鳥(とり) (닭꼬치)
야키토리

鳥(とり)の唐揚(からあ)げ (닭 튀김)
토리노 카라아게

刺身(さしみ)の盛(も)り合(あ)わせ (모둠회)
사시미노 모리아와세

memo

memo

초판발행	2020년 9월 29일
1판 3쇄	2023년 8월 30일
저자	박효경
책임 편집	조은형, 김성은, 오은정, 무라야마 토시오
펴낸이	엄태상
디자인	진지화
조판	이서영
콘텐츠 제작	김선웅, 장형진
마케팅	이승욱, 왕성석, 노원준, 조성민, 이선민
경영기획	조성근, 최성훈, 김다미, 최수진, 오희연
물류	정종진, 윤덕현, 신승진, 구윤주
펴낸곳	시사일본어사(시사북스)
주소	서울시 종로구 자하문로 300 시사빌딩
주문 및 교재 문의	1588-1582
팩스	0502-989-9592
홈페이지	www.sisabooks.com
이메일	book_japanese@sisadream.com
등록일자	1977년 12월 24일
등록번호	제 300-2014-31호

ISBN 978-89-402-9296-9 (13730)

해 봐! 하루 10분 왕초보 일본어

쓰기 노트

시사일본어사

해 봐!

하루 10분

왕초보

일본어

쓰기 노트

01 저는 김지우예요.

1 私(わたし)は キム・ジウです。 저는 김지우예요.

私は キム・ジウです。

2 私(わたし)は 韓国人(かんこくじん)です。 저는 한국 사람이에요.

私は 韓国人です。

3 私(わたし)は 日本人(にほんじん)です。 저는 일본 사람이에요.

私は 日本人です。

02 저는 대학생이에요.

❶ 私(わたし)は 大学生(だいがくせい)です。 저는 대학생이에요.

私は 大学生です。

❷ 私(わたし)は 会社員(かいしゃいん)です。 저는 회사원이에요.

私は 会社員です。

❸ 私(わたし)は デザイナーです。 저는 디자이너예요.

私は デザイナーです。

03 기무라 씨는 회사원이에요?

1. 木村(きむら)さんは 会社員(かいしゃいん)ですか。 기무라 씨는 회사원이에요?

木村さんは 会社員ですか。

2. 金(きむ)さんは 大学生(だいがくせい)ですか。 김 씨는 대학생이에요?

金さんは 大学生ですか。

3. 田中(たなか)さんは 先生(せんせい)ですか。 다나카 씨는 선생님이에요?

田中さんは 先生ですか。

04 네, 회사원이에요.

1 はい、会社員(かいしゃいん)です。 네, 회사원이에요.

はい、会社員です。

2 はい、学生(がくせい)です。 네, 학생이에요.

はい、学生です。

3 はい、シェフです。 네, 셰프예요.

はい、シェフです。

05 아니요, 회사원이 아니에요.

1 いいえ、会社員(かいしゃいん)じゃないです。

아니요, 회사원이 아니에요.

いいえ、会社員じゃないです。

2 いいえ、店員(てんいん)じゃないです。

아니요, 점원이 아니에요.

いいえ、店員じゃないです。

3 いいえ、モデルじゃないです。

아니요, 모델이 아니에요.

いいえ、モデルじゃないです。

06 취미는 뭐예요?

1 ご趣味(しゅみ)は 何(なん)ですか。 취미는 무엇입니까?

ご趣味は 何ですか。

2 お名前(なまえ)は 何(なん)ですか。 성함은 어떻게 되세요?

お名前は 何ですか。

3 お仕事(しごと)は 何(なん)ですか。 직업은 무엇입니까?

お仕事は 何ですか。

07 영화를 좋아해요.

1 映画(えいが)が すきです。 영화를 좋아해요.

映画が すきです。

2 旅行(りょこう)が すきです。 여행을 좋아해요.

旅行が すきです。

3 料理(りょうり)が すきです。 요리를 좋아해요.

料理が すきです。

08 스포츠는 좋아하지 않아요.

1 スポーツは すきじゃないです。

스포츠는 좋아하지 않아요.

スポーツは すきじゃないです。

2 料理(りょうり)は すきじゃないです。

요리는 좋아하지 않아요.

料理は すきじゃないです。

3 やまのぼりは すきじゃないです。

등산은 좋아하지 않아요.

やまのぼりは すきじゃないです。

09 영어를 잘해요.

1 英語(えいご)が じょうずです。 영어를 잘해요.

英語が じょうずです。

2 ピアノが じょうずです。 피아노를 잘 쳐요.

ピアノが じょうずです。

3 歌(うた)が じょうずです。 노래를 잘해요.

歌が じょうずです。

10 중국어는 잘 못해요.

1 中国語(ちゅうごくご)は　じょうずじゃないです。

중국어는 잘 못해요.

中国語は　じょうずじゃないです。

2 サッカーは　じょうずじゃないです。

축구는 잘 못해요.

サッカーは　じょうずじゃないです。

3 運転(うんてん)は　じょうずじゃないです。

운전은 잘 못해요.

運転は　じょうずじゃないです。

11 오늘은 더워요.

1 今日(きょう)は 暑(あつ)いです。 오늘은 더워요.

今日は 暑いです。

2 水(みず)が 冷(つめ)たいです。 물이 차가워요.

水が 冷たいです。

3 この冬(ふゆ)は 寒(さむ)いですね。 이번 겨울은 춥네요.

この冬は 寒いですね。

12 그녀는 상냥하고 재미있어요.

1 彼女(かのじょ)は やさしくて おもしろいです。

그녀는 상냥하고 재미있어요.

彼女は やさしくて おもしろいです。

2 ラーメンは 安(やす)くて おいしいです。

라면은 싸고 맛있어요.

ラーメンは 安くて おいしいです。

3 へやは 広(ひろ)くて あかるいです。

방은 넓고 밝아요.

へやは 広くて あかるいです。

13 회사는 멀지 않아요.

1 会社(かいしゃ)は 遠(とお)くないです。

회사는 멀지 않아요.

会社は 遠くないです。

2 今日(きょう)の 天気(てんき)は よくないです。

오늘 날씨는 좋지 않아요.

今日の 天気は よくないです。

3 頭(あたま)は あまり 痛(いた)くないです。

머리는 별로 안 아파요.

頭は あまり 痛くないです。

14 새 핸드폰이에요.

1 新(あたら)しい ケータイです。

새 핸드폰이에요.

新しい ケータイです。

2 硬(かた)い パンです。

딱딱한 빵이에요.

硬い パンです。

3 カッコいい ネクタイですね。

멋있는 넥타이군요.

カッコいい ネクタイですね。

15 초콜렛이 달아요.

1 チョコレートが 甘(あま)いです。 초콜릿이 달아요.

チョコレートが 甘いです。

2 コーヒーが にがいですね。 커피가 쓰네요.

コーヒーが にがいですね。

3 わさびが とても 辛(から)いですね。

고추냉이가 엄청 맵네요.

わさびが とても 辛いですね。

16 교통이 편리해요.

1 交通(こうつう)が 便利(べんり)です。 교통이 편리해요.

交通が 便利です。

2 のりかえが 不便(ふべん)です。 환승이 불편해요.

のりかえが 不便です。

3 レシピが 簡単(かんたん)です。 레시피가 간단해요.

レシピが 簡単です。

17 그는 잘생기고 성실해요.

1 彼(かれ)は ハンサムで まじめです。

그는 잘생기고 성실해요.

彼は ハンサムで まじめです。

2 彼女(かのじょ)は 親切(しんせつ)で すてきです。

그녀는 친절하고 멋져요.

彼女は 親切で すてきです。

3 この町(まち)は 安全(あんぜん)で しずかです。

이 마을은 안전하고 조용해요.

この町は 安全で しずかです。

18 그 가수는 유명하지 않아요.

1 その歌手(かしゅ)は 有名(ゆうめい)じゃないです。

그 가수는 유명하지 않아요.

その歌手は 有名じゃないです。

2 テストは 簡単(かんたん)じゃないです。

시험은 간단하지 않아요.

テストは 簡単じゃないです。

3 今週末(こんしゅうまつ)は ひまじゃないです。

이번 주말은 한가하지 않아요.

今週末は ひまじゃないです。

19 조용한 공원이에요.

1 しずかな 公園(こうえん)です。 조용한 공원이에요.

しずかな 公園です。

2 きらいな 食(た)べ物(もの)です。 싫어하는 음식이에요.

きらいな 食べ物です。

3 大切(たいせつ)な 人(ひと)です。 소중한 사람이에요.

大切な 人です。

20 여름보다 겨울이 좋아요.

1 夏(なつ)より 冬(ふゆ)の方(ほう)が いいです。

여름보다 겨울 (쪽)이 좋아요.

夏より 冬の方が いいです。

2 サッカーより 野球(やきゅう)の方(ほう)が 好(す)きです。

축구보다 야구를 좋아해요.

サッカーより 野球の方が 好きです。

3 あれより これの方(ほう)が いいです。

저것보다 이것이 좋아요.

あれより これの方が いいです。

21 오빠가 있어요.

1 兄(あに)が います。 오빠(형)가 있어요.

兄が います。

2 ねこが います。 고양이가 있어요.

ねこが います。

3 友(とも)だちが います。 친구가 있어요.

友だちが います。

22 남자 친구는 없어요.

1 彼氏(かれし)は いません。 남자 친구는 없어요.

彼氏は いません。

2 犬(いぬ)は いません。 개는 없어요.

犬は いません。

3 子(こ)どもは いません。 아이는 없어요.

子どもは いません。

23 회사는 강남에 있어요.

1 会社(かいしゃ)は カンナムに あります。

회사는 강남에 있어요.

会社は カンナムに あります。

2 学校(かっこう)は ソウルに あります。

학교는 서울에 있어요.

学校は ソウルに あります。

3 ケータイは テーブルの上(うえ)に あります。

휴대폰은 테이블 위에 있어요.

ケータイは テーブルの上に あります。

24 운전면허가 없어요.

1 運転免許(うんてんめんきょ)が ありません。 운전면허가 없어요.

運転免許が ありません。

2 車(くるま)が ありません。 자동차가 없어요.

車が ありません。

3 お金(かね)が ありません。 돈이 없어요.

お金が ありません。

25 운동을 해요.

1 運動（うんどう）を します。 운동을 해요.

運動を します。

2 掃除（そうじ）を します。 청소를 해요.

掃除を します。

3 韓国（かんこく）に きます。 한국에 와요.

韓国に きます。

26 아침 일찍 일어나요.

1 朝(あさ)はやく おきます。 아침 일찍 일어나요.

朝はやく おきます。

2 夜(よる)おそく 寝(ね)ます。 밤 늦게 자요.

夜おそく 寝ます。

3 映画(えいが)を 見(み)ます。 영화를 봐요.

映画を 見ます。

27 책을 읽어요.

1 本(ほん)を 読(よ)みます。 책을 읽어요.

本を 読みます。

2 コーヒーを 飲(の)みます。 커피를 마셔요.

コーヒーを 飲みます。

3 日本(にほん)に 行(い)きます。 일본에 가요.

日本に 行きます。

28 다이어트는 하지 않아요.

1 ダイエットは しません。 다이어트는 하지 않아요.

ダイエットは しません。

2 合コン(ごう)は しません。 미팅은 하지 않아요.

合コンは しません。

3 お客(きゃく)さまは きません。 손님은 안 와요.

お客さまは きません。

29 TV를 보지 않아요.

1 テレビを 見(み)ません。 TV를 보지 않아요.

テレビを 見ません。

2 デザートを 食(た)べません。 디저트를 먹지 않아요.

デザートを 食べません。

3 ごみを 捨(す)てません。 쓰레기를 버리지 않아요.

ごみを 捨てません。

30 토요일은 회사에 가지 않아요.

1 土曜日(どようび)は 会社(かいしゃ)に 行(い)きません。

토요일은 회사에 가지 않아요.

土曜日は 会社に 行きません。

2 この家(いえ)は 売(う)りません。

이 집은 팔지 않아요.

この家は 売りません。

3 高(たか)い 車(くるま)は 買(か)いません。

비싼 차는 사지 않아요.

高い 車は 買いません。

31 식사할까요?

1 食事(しょくじ)しましょうか。 식사할까요?

食事しましょうか。

2 散歩(さんぽ)しましょうか。 산책할까요?

散歩しましょうか。

3 デートしましょうか。 데이트할까요?

デートしましょうか。

32 영화 볼까요?

1 映画(えいが) 見(み)ましょうか。 영화 볼까요?

映画 見ましょうか。

2 ランチを 食(た)べましょうか。 런치를 먹을까요?

ランチを 食べましょうか。

3 電話(でんわ)を かけましょうか。 전화를 걸까요?

電話を かけましょうか。

33 슬슬 돌아갈까요?

1 そろそろ 帰(かえ)りましょうか。 슬슬 돌아갈까요?

そろそろ 帰りましょうか。

2 電話(でんわ)で 話(はな)しましょうか。 전화로 이야기할까요?

電話で 話しましょうか。

3 中(なか)に 入(はい)りましょうか。 안에 들어갈까요?

中に 入りましょうか。

34 아이스커피 주세요.

1 アイスコーヒー ください。 아이스커피 주세요.

アイスコーヒー ください。

2 メニュー ください。 메뉴(판) 주세요.

メニュー ください。

3 レシート ください。 영수증 주세요.

レシート ください。

35 택시를 타요.

1 タクシーに 乗(の)ります。 택시를 타요.

タクシーに 乗ります。

2 飛行機(ひこうき)に 乗(の)ります。 비행기를 타요.

飛行機に 乗ります。

3 バスに 乗(の)ります。 버스를 타요.

バスに 乗ります。

36 친구를 만나요.

1 友(とも)だちに 会(あ)います。 친구를 만나요.

友だちに 会います。

2 彼氏(かれし)に 会(あ)います。 남자 친구를 만나요.

彼氏に 会います。

3 先生(せんせい)に 会(あ)います。 선생님을 만나요.

先生に 会います。

37 노트북을 갖고 싶어요.

1 ノートパソコンが　ほしいです。

노트북을 갖고 싶어요.

ノートパソコンが　ほしいです。

2 スマートフォンが　ほしいです。

스마트폰을 갖고 싶어요.

スマートフォンが　ほしいです。

3 ペットが　ほしいです。

애완동물(반려동물)을 갖고 싶어요.

ペットが　ほしいです。

38 요가를 하고 싶어요.

1 ヨガが したいです。 요가를 하고 싶어요.

ヨガが したいです。

2 旅行(りょこう)が したいです。 여행을 하고 싶어요.

旅行が したいです。

3 ダイエットが したいです。 다이어트를 하고 싶어요.

ダイエットが したいです。

39 스키야키를 먹고 싶어요.

1 すきやきが 食(た)べたいです。 스키야키를 먹고 싶어요.

すきやきが 食べたいです。

2 アニメが 見(み)たいです。 애니메이션을 보고 싶어요.

アニメが 見たいです。

3 窓(まど)を あけたいです。 창문을 열고 싶어요.

窓を あけたいです。

40 일본에 가고 싶어요.

1 日本(にほん)に 行(い)きたいです。 일본에 가고 싶어요.

日本に 行きたいです。

2 かばんが 買(か)いたいです。 가방을 사고 싶어요.

かばんが 買いたいです。

3 本(ほん)が 読(よ)みたいです。 책을 읽고 싶어요.

本が 読みたいです。

41 생일은 언제예요?

1 お誕生日(たんじょうび)は いつですか。 생일은 언제예요?

お誕生日は いつですか。

2 出張(しゅっちょう)は いつですか。 출장은 언제예요?

出張は いつですか。

3 引(ひ)っ越(こ)しは いつですか。 이사는 언제예요?

引っ越しは いつですか。

42 시험은 무슨 요일이에요?

1. テストは 何曜日(なんようび)ですか。 시험은 무슨 요일이에요?

テストは 何曜日ですか。

2. 今日(きょう)は 何曜日(なんようび)ですか。 오늘은 무슨 요일이에요?

今日は 何曜日ですか。

3. 明日(あした)は 何曜日(なんようび)ですか。 내일은 무슨 요일이에요?

明日は 何曜日ですか。

43 지금 몇 시예요?

1 今(いま) 何時(なんじ)ですか。 지금 몇 시예요?

今 何時ですか。

2 待(ま)ち合(あ)わせは 何時(なんじ)ですか。 만나는 약속은 몇 시예요?

待ち合わせは 何時ですか。

3 予約(よやく)は 何時(なんじ)ですか。 예약은 몇 시예요?

予約は 何時ですか。

44 영화는 몇 시부터 몇 시까지예요?

1 映画(えいが)は 何時(なんじ)から 何時(なんじ)までですか。

영화는 몇 시부터 몇 시까지예요?

映画は 何時から 何時までですか。

2 授業(じゅぎょう)は 何時(なんじ)から 何時(なんじ)までですか。

수업은 몇 시부터 몇 시까지예요?

授業は 何時から 何時までですか。

3 休(やす)みは いつから いつまでですか。

휴일은 언제부터 언제까지예요?

休みは いつから いつまでですか。

45 저 분은 누구예요?

1 あの方(かた)は 誰(だれ)ですか。 저 분은 누구예요?

あの方は 誰ですか。

2 担当者(たんとうしゃ)は 誰(だれ)ですか。 담당자는 누구예요?

担当者は 誰ですか。

3 新(あたら)しい先生(せんせい)は 誰(だれ)ですか。 새로 온 선생님은 누구예요?

新しい先生は 誰ですか。

46 집은 어디예요?

1 家(いえ)は どこですか。 집은 어디예요?

家は どこですか。

2 トイレは どこですか。 화장실은 어디예요?

トイレは どこですか。

3 デパートは どこですか。 백화점은 어디예요?

デパートは どこですか。

47 오늘 날씨는 어때요?

1 今日(きょう)の天気(てんき)は　どうですか。

오늘 날씨는 어때요?

今日の天気は　どうですか。

2 日本語(にほんご)の 授業(じゅぎょう)は　どうですか。

일본어 수업은 어때요?

日本語の 授業は　どうですか。

3 今夜(こんや)、一杯(いっぱい)　どうですか。

오늘 밤, 한 잔 어때요?

今夜、一杯　どうですか。

48 뭘 먹을까요?

1 何(なに)を 食(た)べましょうか。 뭘 먹을까요?

何を 食べましょうか。

2 何(なに)を 飲(の)みましょうか。 무엇을 마실까요?

何を 飲みましょうか。

3 何(なに)に 乗(の)りましょうか。 무엇을 탈까요?

何に 乗りましょうか。

49 모두 얼마예요?

1 全部(ぜんぶ)で いくらですか。 모두 얼마예요?

全部で いくらですか。

2 これ 一(ひと)つは いくらですか。 이거 하나는 얼마예요?

これ 一つは いくらですか。

3 これは いくらですか。 이건 얼마예요?

これは いくらですか。

50 얼마나 걸려요?

1. どれぐらい かかりますか。

얼마나 걸려요?

どれぐらい かかりますか。

2. 会社(かいしゃ)まで どれぐらい かかりますか。

회사까지 얼마나 걸려요?

会社まで どれぐらい かかりますか。

3. お酒(さけ)は どれぐらい 飲(の)みますか。

술은 얼마나 마셔요?

お酒は どれぐらい 飲みますか。

기본 인사 표현

1. おはようございます。 안녕하세요. (아침 인사)

おはようございます。

2. おはよう。 안녕. (아침 인사)

おはよう。

3. こんにちは。 안녕하세요. (점심 인사)

こんにちは。

4. こんばんは。 안녕하세요. (저녁 인사)

こんばんは。

5 おやすみなさい。 안녕히 주무세요.

おやすみなさい。

---

6 おやすみ。 잘 자.

おやすみ。

---

7 いただきます。 잘 먹겠습니다.

いただきます。

---

8 ごちそうさまでした。 잘 먹었습니다.

ごちそうさまでした。

기본 인사 표현

9 ありがとうございます。 감사합니다.

ありがとうございます。

10 すみません。 죄송합니다.

すみません。

11 だいじょうぶです。 괜찮습니다.

だいじょうぶです。

12 おめでとうございます。 축하합니다.

おめでとうございます。

memo

memo

해 봐! 하루 10분 왕초보 일본어

쓰기 노트